CONFUCIO

CONFUCIO

por Marco Antonio Gómez Pérez

Grupo Editorial Tomo, S.A. de C.V.
Nicolás San Juan 1043
03100 México, D.F.

1a. edición, octubre 2002.
2a. edición, junio 2005.

© Grupo Editorial Tomo, S.A. de C.V.
Confucio

© 2005, Grupo Editorial Tomo, S.A. de C.V.
Nicolás San Juan 1043, Col. Del Valle
03100 México, D.F.
Tels. 5575-6615, 5575-8701 y 5575-0186
Fax. 5575-6695
http://www.grupotomo.com.mx
ISBN: 970-666-481-5
Miembro de la Cámara Nacional
de la Industria Editorial No 2961

Proyecto: Marco Antonio Gómez Pérez
Diseño de Portada: Emigdio Guevara
Formación Tipográfica: Servicios Editoriales Aguirre, S.C.
Supervisor de producción: Leonardo Figueroa

Impreso en México - *Printed in Mexico*

Contenido

Prólogo

Escribir sobre la vida y obra de Kung-fu-Tzu o Confucio para los occidentales (Gráfica 1), es meterse en el túnel del tiempo de la imaginación para ubicarse en la China de hace 2,500 años, ya legendaria en esa época, y descubrir sus monumentos, pinturas, construcciones, la forma sencilla de vivir de los pueblos y la ostentosa de la mayoría de los gobernantes, situación que no ha cambiado casi nada en el inicio del siglo XXI.

Confucio es uno de esos personajes llamados "elegidos", rodeado de misticismo y sabiduría desde antes de su nacimiento; con una madre que queda viuda siendo muy joven ella y muy niño él, pero con una fuerza poco común en las pasivas mujeres contemporáneas de esa época, lo cual permite al pequeño estar en un colegio casi exclusivo para hijos de nobles, de "juniors" para llamarlos como en la actualidad, lo cual le facilita el acceso a los libros sagrados y a la cultura en general reservada para unos cuantos.

Al ser el alumno más destacado, Confucio, con apenas rebasados los veinte años de edad, se convierte en Maestro y Director de la Gran Escuela que, con el tiempo, formará y difundirá todas sus ideas y prácticas, porque él no sólo es un filósofo incisivo y observador de la ciencia de los antiguos, sino que lleva a la acción sus enseñanzas, ya sea con sus alumnos, amigos, enemigos y al estar en los diversos cargos públicos que ocupa en diferentes etapas de su vida.

Desde luego que, cuando es requerido como consejero de gobernantes y administradores públicos, les da a éstos un prestigio que muy pocos alcanzarían si no estuviera Confucio a su lado. Pero rara vez son bien recibidos sus exhortaciones, ya que sus principios fundamentales de ética y moral aluden a, si hay un rey o gobernante justo, equilibrado, trabajador para el bienestar del pueblo, honesto y no bélico, los gobernados responderán con las mismas cualidades, logrando un equilibrio que nunca falla y que permite el progreso y la educación, síntomas inequívocos de un pueblo que cree en la justicia. Este es el tipo de relación que Confucio fomenta en cada instante de su vida.

(Gráfica 1). El Maestro Confucio en plena madurez corporal y de sapiencia.

Cuando fallece, al crearse el confucianismo, sus ideas se van transformando y degenerando aunque, afortunadamente, mucha de la esencia del Maestro de Lu permanece en la cultura general de los habitantes de China. Durante 2,500 años Confucio, sus ideas y filosofía son la base de gobernantes y gobernados hasta que llega Mao Tse-tung, al inicio de la segunda mitad del siglo veinte y pretende, con la ayuda del ejército comunista rojo, destruir la obra de dos y medio siglos de Kung-fu-Tzu a la que llama "La Gran Revolución Cultural".

Este movimiento, como el que casi siempre ejecuta la milicia de cualquier país, destruye la memoria y monumentos culturales dedicados a Confucio y gracias a sus seguidores y a la muerte del líder chino, se han restaurado y se ha colocado otra vez a Kung-fu-Tzu en el sitio que siempre le ha correspondido; incluso, se ha llegado a ofrecer disculpas por las nuevas autoridades gobernantes, aunque no "oficialmente", por esta destrucción.

Así es que, amables lectora-lector, prepárate a leer una de las vidas más ricas y filosóficas más completas de todos cuantos han pisado la Tierra desde el inicio de la historia de la humanidad, la de Confucio. Contemporáneo y reformador como el también sabio de Samos, Pitágoras, ambos introducen cambios vitales para el avance de la cultura, ciencia y música de su tiempo, y de muchos siglos después, por lo que el mundo sigue estando en deuda con ellos. Difundiendo su obra es una forma, mínima si se quiere, de corresponderles y de decirles, en la forma más sencilla, humilde y honesta posibles: ¡Gracias por haber existido!

1

La vida en China antes, durante y después de Confucio

l origen de China no ha se ha establecido en la actualidad aunque cuenta la leyenda que P'an Ku es el creador del Universo ayudado por un dragón, un unicornio, un ave Fénix y una tortuga. A este dios creador le lleva la enorme cantidad de ¡18,000 años! en tallar la Tierra hasta darle su aspecto natural. Al fallecer P'an Ku, su cuerpo se transforma y divide dando origen a otras creaciones, por ejemplo: su carne se convierte en tierra, la sangre en ríos, el sudor en lluvia, el cabello en aves y plantas, el ojo izquierdo en el Sol y el derecho en la Luna, la respiración en viento, la voz en trueno y los parásitos del cuerpo en la raza humana.

Pero aparte de esta creación mítica y divina, es posible que el origen más terrenal de China sea en el siglo XVI antes de nuestra era, en el que el país ya posee una organización feudal, presidida por un rey de la dinastía Shang desde el siglo XI a. C., durante el cual ocupan la cuenca media e inferior del río Amarillo.

Del siglo XI al III a. C. se suceden los reyes de la dinastía Chou, durante la cual florecen Confucio y Lao-Tse. Las luchas de los señores ponen fin a la dinastía, hasta que, a partir del 246 a. C. Shih Huang Ti domina a los señores feudales independientes y se proclama emperador, implantando la dinastía Ch'in o primer imperio chino.

La mayor empresa de este imperio es la construcción de la Gran Muralla, pero una insurrección destrona a su sucesor, quedando a la cabeza del imperio Han Kao Tsu, fundador de la dinastía Han, quien engrandece sus dominios en su lucha contra los hunos, abriendo vías de comunicación con Occidente y la India.

En el año 9 d. C. el ministro Wang Mang se proclama emperador, estableciendo una especie de socialismo estadista. Tras su violenta muerte, continúa la dinastía Han hasta el 221, y es durante esta época cuando se introduce el budismo como religión oficial.

En el siglo XIII China es para el resto del mundo un país enigmático y casi inexistente que empieza a ser conocido y reconocido gracias a los largos viajes en tiempo y distancia del genovés Marco Polo. Es tanta la riqueza cultural que describe este navegante al que se considera como un loco afectado por estar mucho tiempo lejos de su casa y de su familia, que no es así, ya que él habla de descubrimientos importantes que, finalmente, transforman al mundo al ser incorporados a la vida cotidiana.

Estas maravillas son el papel, la pólvora, la brújula, la escritura, las estructuras militares y las religiosas, así como el espíritu de los monarcas y nobles que viven en el más alto privilegio social y en el lujo más extravagante posible, aparte de lo ya conocido en Europa como la fina seda, las especias y otros productos considerados como exóticos pero de mucha aceptación por la realeza europea. Claro, tampoco pueden aceptar los occidentales que una cultura que da vida a personajes tan terribles y destructores como Atila y Gengis Khan pueda ser igual o más refinada que la de ellos.

Al igual que en la historia de todos los países del mundo, China pasa por luchas dinásticas fragorosas, frustrantes, desgastantes y terriblemente mortales. En compensación, la naturaleza ha sido muy extremosa con este país, ya que tiene todos los climas del mundo, dándole una riqueza de suelo poco común para poder alimentar a cientos de millones de habitantes, pero también sufre los embates de la misma madre naturaleza con terremotos de varios grados de intensidad, inundaciones, sequías, plagas, enfermedades, esclavitud y otras catástrofes que muchos llaman apocalípticas.

Dentro de la historia de los países, China es considerada como uno de los más antiguos y que menos cambios ha sufrido a través de cuando menos 26 siglos. Es recientemente, en pleno siglo XX, que sufre una de sus más devastadoras transformaciones cuando el líder Mao Tse-tung casi logra desaparecer tres mil años de tradiciones, costumbres y herencias culturales, y lo peor es que aísla a esta nación del resto del mundo, y más aún, de toda influencia que venga de Occidente. Al morir este personaje, tal parece que este enorme país empieza a recuperar su pasado y lo mejor, su legado histórico.

Sin embargo, en el siglo VI a. C., época en que nace Confucio, China está llena de ritos y costumbres milenarias, ya que comprenden que es una de las formas más sabias y menos violentas de mantener la paz y el orden, al darle a cada reino una serie de normas fijas para gobernar y controlar a todos los habitantes de una nación tan extensa como la de China.

El nombre de China

Desde siempre, los chinos llaman a su país Chung-Kuo, que significa *Reino Central* aunque en Occidente se le ha conocido con varios nombres, ya que en la Europa de la Edad Media creen que en el Norte de China existe un país llamado Catay o Khitan, y en el sur *Sin* o *Chin*, derivados del nombre de la dinastía Chi'n. En el siglo XVI d. C. los comerciantes portugueses empiezan a llamar China al imperio del Norte hasta que descubren que *China* y Catay son el mismo pueblo, por lo que la última denominación cae en el olvido.

El mundo en época de Confucio

Recientemente, apareció una información en la que describen cómo es la época en la que Confucio vive y que da una idea aproximada de cómo es el país en tiempo del Maestro de Lu.

"Descubren tumbas de la época de Confucio".

Pekin, China (EFE).- Arqueólogos chinos acaban de descubrir un gran grupo de tumbas que datan de los Periodos de Primavera y Otoño (770-476 a. C.), época de gran florecimiento en China que estuvo marcado por las enseñanzas de los filósofos Confucio, Lao Tsé y Buda (siglo VI a. C.), informó ayer la agencia estatal Xinhua.

El hallazgo fue realizado en los suburbios de la ciudad de Liu'a, situada en la provincia de Anhui, al Este de China. Junto a las tumbas correspondientes a esta era dorada, también se encontraron varios panteones de la Dinastía Song (960-1279 d. C.), época que en sus postrimerías conoció las invasiones de los mongoles del Imperio del Centro.

Los expertos creen que el estudio de estos conjuntos fúnebres arrojará más luz sobre las costumbres religiosas de los citados periodos históricos, caracterizados por los ritos, el culto al monarca, a los antepasados y los sacrificios a las divinidades, en cuyo centro se encontraba el Sol. En el lugar de las excavaciones ya habían sido encontradas más de doscientas tumbas con auténticos tesoros en su interior como armas de bronce, vasijas de cerámica y objetos con incrustaciones de laca, señalan los arqueólogos.

Se cree que la mayoría de estos artículos fueron fabricados durante el Periodo de los Reinos Combatientes (475-221 a. C.) Esa época concluyó con la ascensión al poder del emperador Shi Guangdi, el monarca que unificó China y mandó construir la Gran Muralla y el monumento fúnebre de los Guerreros de Terracota.

2

Ascendientes de Confucio

L a familia de Confucio tiene muchos años de vivir en la región de Tseu, una aldea pequeña perteneciente al principado de Lu, al suroeste de la actual provincia de Shan-tung y de donde su abuelo es gobernador en Tseu, y descendiente del emperador ganador de muchas batallas, Cheng-Tang.

El padre de Confucio es militar, se llama Chu-leang Ho y es considerado un héroe al actuar con determinación y valentía en varias situaciones de extremo peligro, como cuando se da el sitio de Piyang y uno de los soldados atacantes llega hasta la puerta del poblado disfrazado de simple aldeano jalando una carret⸴ aparentemente llena de provisiones, por lo que le es permitido el paso. Una vez dentro del lugar, salen varios soldados que están escondidos en la carreta, entre los que destaca Chu-leang Ho. Esta acción sorpresa al mejor estilo del Caballo de Troya, no es suficiente y los aldeanos sitiados logran cerrar el portón y los soldados introducidos en la carreta están a dos fuegos, por lo que Chu-leang corre hasta la pesada puerta y la levanta gracias a su enorme fuerza, permitiendo el escape del resto de los soldados y de él mismo.

Ésta es sólo una de las muchas hazañas que lleva a cabo el padre de Confucio con valor y entre⸴a a las causas nobles; y en otras ocasiones en que se consideran derrotados por el enemigo, Chu-leang actúa osadamente para revertir derrotas en verdaderas victorias y con esto, devolver la confianza y el coraje a sus alicaídos soldados.

Con su alta jerarquía militar dentro de la sociedad de su pueblo, Chu-leang es considerado un "buen partido" para cualquier mujer casadera de esa época, por lo que al momento de elegir no tiene problema alguno para contraer matrimonio con una hermosa joven de la familia de los Che, con quien tiene nueve hijas y ningún varón, lo cual es sumamente frustrante en una sociedad sexista en la que los hijos varones valen mucho más que las mujeres. Chu-leang decide tener relaciones sexuales con concubinas (esto es legal en esta época) hasta que por fin llega el ansiado hijo, pero lamentablemente nace con anormalidades y es rechazado por su padre.

Por supuesto la frustración de Chu-leang es mayúscula y decide divorciarse para conseguir otra esposa que pueda darle el hijo varón, fuerte y sano que tanto desea. La acción debe ser tan rápida como pueda ya que con setenta años de vida puede tener serias dificultades para tratar de lograr un hijo. Esta labor lo lleva hasta el hogar de los Yen, cuyo jefe de familia tiene tres hermosas hijas y todas solteras, por lo que Chu-leang, consiente de que tal vez ninguna de ellas se interese en él, llega a un acuerdo con el padre de las damas, permitiendo que sean ellas las que decidan si alguna lo acepta como esposo.

Desde luego que el señor Yen no duda en que le sería muy beneficiosa esta boda, por lo tanto, reúne a sus tres hijas y les plantea la situación. Las dos mayores no dicen nadan, dando a entender que no quieren al anciano militar como marido, en cambio, Cheng-tsai, la más pequeña de ellas y de escasos quince años, dice que sí acepta ser la esposa del señor de Tseu, tomando en cuenta varias razones: porque así lo desea su querido padre, porque es un noble y descendiente de personajes considerados santos y héroes, y porque ella se siente complacida de que un hombre con tantos atributos, ya que no conoce enfermedad ni tiene heridas de guerra mutilantes, se haya fijado en ella y sus hermanas; además, esta unión le asegurará un lugar importante dentro de la sociedad de su pueblo, siempre y cuando logre darle a tan importante señor, el ansiado hijo varón, sano y fuerte.

A los pocos meses se casan y Cheng-tsai pasa a ser la encargada, entre otras actividades, de mantener vivas las tradiciones de la familia de su esposo, sobre todo el culto y respeto hacia los antepasados y a los ancianos, a través de ceremonias, ritos y cultos heredados de cientos de años atrás.

Ella sabe que no puede amar a un hombre que le lleva más de cincuenta años de edad, pero sí logra de él, el respeto y hasta algunas concesiones imposibles para la mayoría de las mujeres de su época, ya que la joven señora siempre duerme al lado de su esposo (esto no es frecuente y sólo es permitido a la mujer si su marido así lo desea), lo cual facilita que al poco tiempo se embarace causando una gran alegría a Chu-leang.

El nombre de China

Cheng-tsai es una mujer muy devota y acude a un templo antes y durante el embarazo para dar gracias. Después de una de esas visitas, por la noche tiene un sueño en el cual una voz le dice que debe acudir a una cueva o Morera hueca en donde dará a luz a un ser privilegiado. Ella no se conforma con saber únicamente lo que le dicen en los sueños e investiga si realmente existe un sitio con el nombre de "Morera hueca" y efectivamente existe, por lo que decide platicar con su esposo para que los últimos días del embarazo los pase en esa cueva. Es tal su poder de convencimiento que una vez contando con la respectiva aprobación de su marido, la joven evita que la acompañe alguna de sus damas de compañía.

En la cueva, en medio de un misticismo digno de mencionarse aparte (lee estimados lector-lectora, este extraño acontecimiento en el capítulo "Hechos raros o extraños en torno a Confucio"), la joven china da a luz y se convierte en la mujer más feliz ya que se ha cumplido su segunda petición al cielo, concebir un hijo varón, sano y fuerte.

Al día siguiente del alumbramiento, la gente que vive cerca a la cueva murmura: "¡ha nacido un niño milagroso, el que cambiará el curso de la historia y la forma de ver la vida!", agregando algo que parecía secreto y que ha dejado de serlo para a ser parte de la leyenda del nacimiento de Confucio. Ellos dicen que: "¡La madre del pequeño tuvo un sueño profético y están protegidos por la divinidad!".

Desde luego no todos creen en esta historia, pero los más saben, porque escuchan que, durante la labor de parto de la joven Cheng, no necesita de otras mujeres porque seres celestiales la atienden desde las nubes antes, durante y después del alumbramiento.

Algunos de los que escuchan, ríen incrédulos; pero otros, en la intimidad, se vanaglorian y sienten felicidad en sus corazones, pensando que tal vez el cielo los ha bendecido con la aparición de un niño que, en unos años, será un sabio muy importante no sólo en su época sino muchos, muchos siglos después.

Dicen los jesuitas que visitan China muchos años después y tomando en cuenta que el nacimiento se da durante el reinado de Siang de Lu, equivale al 27 de agosto del año 551 antes de nuestra era, y aunque algunos estudiosos no están de acuerdo con esta fecha, es la que reúne la mayoría de aceptación y la que se toma con mayor seriedad y posibilidad de ser verdadera.

3

Tres días, tres meses e infancia

Una costumbre realmente terrible y muy arraigada en la vida diaria de los chinos, es que después de cualquier nacimiento, el pequeño debe y tiene que sobrevivir ¡tres días solo!, por lo que no debe bañarse al infante para que pueda alimentarse con los restos de la placenta y grasa que tiene impregnados en su cuerpo; así, la naturaleza dirá quién tiene la fuerza y vigor suficiente para resistir esas 72 horas en la más completa y absoluta soledad y enclaustramiento, sin nadie que los alimente, limpie y cambie.

Los infantes que logran el "milagro" de pasar esta prueba, son considerados como seres nuevos por parte de las mujeres y ahora sí, es cuando empiezan a recibir las atenciones y cuidados pertinentes de su escasa edad.

Pero a Confucio lo limpian y bañan inmediatamente después de que nace y esto lleva a pensar que al recién nacido y elegido personaje de esta obra, su joven madre se atreve a alimentarlo con su leche a partir del inicio del segundo día, ya que no ha probado absolutamente nada de alimento desde que llega a este mundo.

Afortunadamente, la joven madre Cheng-tsai no es la tradicional de esa época y lleva a cabo acciones que, de no ser la esposa de un personaje tan importante en la milicia y sociedad, no sólo de Tseu sino de todo el principado de Lu, con seguridad hubiera perdido la vida a la más mínima provocación por tratar de vivir un tanto diferente a las demás. Esto permite que el mismo Confucio tenga mucha libertad desde su infancia, pero con mucha responsabilidad y sin ser un bravucón o pendenciero, sino al contrario, una persona tranquila, serena y con una forma de ver y llevar la vida tan especial, que con el tiempo ésta será su forma de pasar su vida en este mundo.

Una de las costumbres que no pudo evitar llevar a cabo la joven madre, es la de no poder presentar a su hijo ante su esposo hasta cumplir los tres meses, ya fuerte, robusto, muy limpio y crecido. Este derecho del padre a no ver a su hijo hasta transcurridos esos noventa días, es ejercido por el viejo militar.

Sin embargo, el padre arde en deseos de poder conocerlo y abrazarlo ya que sabe que es el hijo sano, fuerte y hermoso que ha esperado durante muchos años, al cual le dejará todo lo que ha logrado en la vida, o al menos esa es su intención inicial. Una vez cubierta esta formalidad padre-hijo, el pequeño es llevado otra vez al cuarto destinado a su madre, un sitio que los griegos llaman gineceo, pero en el cual no durará mucho tiempo, ya que el anciano padre quiere tenerlo lo más cerca y la mayor cantidad posible de tiempo para empezar a impartirle sus conocimientos y a formarlo como un hombre de bien.

Primeros años

Como sucede con muchos de los hombres prominentes y sabios de la historia de la humanidad, el nombre de Kung Chiu o K'ung Ch'iu, conocido como Kung fu-Tzu, que significa *El Maestro Kung*, al ser occidentalizado se convierte en Confucio.

Aunque el padre de Confucio acumula tierras y una considerable fortuna y está felizmente realizado como ser humano al lograr tener un hijo varón a la tan avanzada edad de 70 años, en los próximos tres se dedica a disfrutar de la vida sin importar que el patrimonio que junta en muchos años de sacrificio, riesgo y valor, disminuye poco a poco al mismo tiempo que la salud del anciano Chu-leang, por lo que el pequeño Confucio pierde a su padre a la temprana edad de tres años.

La madre y el pequeño Confucio se quedan, entonces, sin la presencia del hombre y sin el patrimonio que dilapida irresponsablemente. Por fortuna, el carácter de la joven madre le permite conseguir un trabajo, ya que posee cualidades manuales para pescar y cazar, aparte de ser una lectora e inspirada escritora de poesía y por si no es suficiente, Cheng-tsai es una hermosa y vigorosa dama a la que no le asusta trabajar ni el esfuerzo físico o intelectual.

Con estas condiciones y el progreso continuo en el trabajo de la mamá de Confucio, se pueden dar el lujo de que el pequeño tome clases particulares con un maestro del poblado de Tsi y reciba sus primeras lecciones. Es tal el entusiasmo del pequeño que tiempo después, al recordar esta etapa de su vida, comenta. *"Cuando yo era niño vivía en condiciones muy humildes, casi desde que pude sostenerme de pie, ya que debí ocuparme de muchas actividades distintas al juego y a cualquier forma de ocio; claro que esto carece de importancia, pero ¿acaso no le conviene al sabio haber practicado infinidad de trabajos insignificantes?"*.

En este momento se pierde casi toda la información recopilada sobre la infancia de Confucio. Sin embargo, se cree que, gracias a la habilidad de su madre para el trabajo y a la inteligencia innata de su vástago, éste logra ingresar en una escuela dedicada a la educación de los hijos de los nobles, ya que es la única forma de adquirir verdadero conocimiento en varias disciplinas, como escritura, literatura, danza, prácticas militares, cálculo, historia, música, rituales religiosos y sociales, teología, entrenamiento en el manejo de las armas (a lo que nunca se dedica) y a la conducción de carros tirados por caballos, pero por sobre todo esto, está el estricto y total respeto a las grandes virtudes que siempre debe mostrar un hombre de bien y buenas costumbres: fidelidad al rey y al príncipe, a los Maestros, a los padres y a todos los ancianos, incluidos, por supuesto, los de la familia.

Así transcurren la infancia y adolescencia de Confucio, quien desde los diez años y hasta los 19 ó 20 pasa en la escuela para nobles, una especie de internado entre seminario y escuela militar, hasta que logra graduarse con todos los honores. Existe la costumbre de que a quienes regresan a la vida común una vez finalizados sus estudios, se les da un segundo nombre, el cual deben llevar con el mismo orgullo asignado por sus padres; es más, este segundo nombre es el que debe pronunciarse cada vez que sea requerido. En el caso de Confucio es Chong-ni, quien está listo para cualquier actividad profesional, social o privada a la que desee dedicarse de ahora en adelante.

4

Iniciación espiritual

A los doce años, Confucio siente una irresistible necesidad de estar solo, de meditar y de acercarse al Cielo y a los dioses. La reflexión la acostumbra desde los seis años y siempre la lleva a cabo en la misma apartada y misteriosa cueva de la Morera donde su madre lo trajo al mundo. La luz del sol hace varias horas que ha desaparecido, a pesar de ello, el lugar está iluminado porque ha encendido velas e incienso y las colocado alrededor de la pequeña fuente que inexplicablemente resurge en cada ocasión en que el adolescente lleva a cabo su viaje al interior de él mismo. Este conjunto de elementos proporcionan una visión nebulosa, sagrada y mística.

Se acomoda en posición de flor de loto, respira profunda y lentamente en varias ocasiones, cierra los ojos y permite que el aroma y el ambiente lo envuelvan y éstos parecen hacerlo con mucho amor. Poco a poco el humo de las velas y el incienso lo cubren y a partir de ese momento, su cuerpo reduce sus funciones vitales a su mínima expresión para poder entrar en su mundo interior y en el de los dioses, para obtener respuestas a sus muchas interrogantes, sólo que esta vez es especial.

Aunque el joven Confucio no los ve, alrededor de él, entre las figuras que se forman por el humo, destacan los de tres especies de ángeles que lo protegen de cualquier posible distracción o ataque de fuerzas oscuras. Del mismo modo, se desprenden dos formas de dragón que se dirigen a custodiar los costados de la entrada de la cueva, así, nadie podrá interrumpir este rito de iniciación espiritual de Confucio. (Gráfica 2)

Transcurren las primeras dos horas en éxtasis preguntando al Cielo y a los dioses cuál es el camino que ellos le tienen reservado. Desea saberlo para encaminar sus pasos, ¡ya! hacia ese sendero. Mira paisajes de muchas ciudades

(Gráfica 2). El joven Kung en una atmósfera especial para su iniciación espiritual.

que aún no conoce pero a las que, inevitablemente, llegará en alguna etapa posterior de su vida. Desfilan innumerables reyes, príncipes y duques, algunos los ha visto, otros son totalmente desconocidos. Observa como muchos jóvenes de todo el país llegan hasta la Gran Escuela que fundará para recibir sus enseñanzas y divulgarlas al mundo.

También mira en este desfile de su vida futura, a su madre a quien adora, esposa e hijos. No faltan los enemigos a vencer y a quienes hay que enfrentar; palabras y forma de vida pacífica contra las armas. Nada de esto lo asusta, cuenta con escudos sumamente poderosos: su amor a la vida y a la raza humana, la fortaleza que da el conocimiento de la sabiduría de los antiguos monarcas, de la verdad que siempre brota en todas las circunstancias y sobre todo, la virtud, que abarca todo lo anterior y mucho más.

Durante todo ese día Kung-fu-Tze no ha probado alimento, porque el ayuno le permite enfocar todas sus energías hacía su elevado propósito y no permite que escape ni la más mínima fuerza que no corresponda al esfuerzo físico y mental en el que está enfrascado.

Al iniciar la madrugada, el humo de las velas y del incienso ahora forman una especie de figuras humanas, vestidas como reyes, mismas que el adolescente Confucio identifica con la ancestral dinastía Zhou, que gobierna cinco siglos antes de nacer él pero de la cual tiene conocimiento a través de libros en los que se cuentan sus hazañas y conquistas.

Descubre que de esta época de los Zhou, destaca el rey Weng Wang, quien aunque no es fundador de esta dinastía, sí ayuda para que llegue al poder. Este monarca es llamado así por los nobles y gente del pueblo porque significa *El soberano sabio o culto*, obteniendo este título gracias a su habilidad para gobernar haciendo lo difícil: "manteniendo contentos a todos".

En su extraordinaria experiencia, el joven Kung recibe mensajes de este soberano y duda de si su espíritu, libre de la materia o el cuerpo, o son las divinidades quienes, a través de este rey, le hacen llegar a Confucio lo que desea saber.

Queda grabado en su cerebro, mente y corazón que, cuando es preciso utilizar las armas, ya sea para defender o conquistar, principalmente este último punto, se debe estar precedido por periodos de formación cultural, ya que gracias a la destreza mostrada al administrar los asuntos civiles y al prograso pacífico, los «buenos conquistadores» pueden ganarse el favor de los pueblos a los que someten y después, atraer la simpatía de los países vecinos.

En la mente del joven iniciado lucha esta idea, que es mantenida en China durante dos mil años porque ha sido llevada a la práctica en pocas ocasiones, ya que regularmente es al revés. Según la historia de la humanidad, primero se conquista por la fuerza de las armas y después se impone la cultura de los conquistadores, sin importar si es mejor o peor que la de los conquistados.

A pesar de esta realidad que atropella sus pensamientos, la conquista cultural antes que la armada es una hermosa y exquisita utopía, y suena hasta dulce en la mente del joven en meditación: "Conquistar antes culturalmente, para evitar el menor derramamiento de sangre". Él mira que con el tiempo y en particular, algunas dinastías como la Manchú, logran este tipo de vistorias para sustituir casi sin violencia a la de los Ming.

Con la conquista cultural, debe darse paso también al humanismo, esa actitud de reverencia en las relaciones familiares y sociales, tal y como si de ritos religiosos se tratara. "Hay que comprender a los demás", retumba dentro de la mente de Confucio esta cascada de ideas; tratarlos como iguales sin importar posesiones ni clases sociales, para no hacer a otros lo que no deseas para ti.

En este momento, el joven Kung ya tiene claridad en su mente, las figuras aparecen y se van en instantes. Está consciente de que debe estudiar y comprender el pasado para entender el presente y asegurar un gran futuro para la humanidad, pero falta otro concepto que será vital en las enseñanzas del Maestro de Lu: la virtud.

Las voces que escucha ahora, parecen un coro celestial de quienes le cantan este concepto sobre la virtud: *Todo ser humano debe tener en cuenta sus propios sentimientos y ambiciones como guía respecto a los deberes y necesidades de los otros, que también son parte de la humanidad y de la naturaleza, de tal forma que sea posible tratarlos en un plano de total igualdad.*

Éstas son las bases sobre las que nunca se separará el Maestro Confucio y que sembrará en todos los sitios donde él esté y hasta en los que nunca estará en tiempo y espacio.

Para este momento, los primeros rayos del sol matutino empiezan a entrar por los resquicios de la cueva y es cuando el adolescente termina su sesión-iniciación, en la que preguntó y obtuvo respuestas; habló a y con los dioses y ellos se hicieron presentes, un privilegio que se da a uno en millones de seres humanos. Ahora sabe lo que antes intuía: los libros sagrados deben ser los que rijan los destinos de reyes y gobernados, sin importar épocas ni naciones. Todos ellos deben basarse en que la humanidad es una y que debe ser tratada en todo momento en igualdad de circunstancias, sin que importen clases sociales ni riquezas, éstas son accidentales y meros instrumentos de los dioses para asignar el papel que cada quien debe llevar a cabo en su vida terrenal.

Reconfortado, el joven Confucio está ya listo para emprender su sendero de luz. No importa que esté muy joven, la edad para los nacidos en privilegio sólo les sirve para causar admiración a los demás pero no a ellos, pues en el caso de Confucio, ya ha adquirido madurez suficiente como para saber que su camino es el peregrinar y predicar la igualdad entre todos los seres vivos de la Tierra.

5

Vida adulta

A los 19 años, Confucio termina sus estudios como graduado del colegio de nobles y de acuerdo a las costumbres de China de esa época, busca a una joven de entre las de su misma clase media para contraer matrimonio, pero esta búsqueda es más por continuar con la tradición que por amor, o porque verdaderamente esté enamorado de la ciertamente bella prometida.

El sabio ya es un adulto y no duda en casarse con una joven de la familia Kien-kiangz que vive en el principado de Song, para no contrariar a los ancianos quienes siempre aconsejan a los adolescentes y adultos que se casen con una persona a la cual conozcan y reconozcan tanto a ella como a su familia; así, no habrá sorpresas cuando vivan juntos y unidos en matrimonio.

Sin embargo, para el joven Confucio es más importante cumplir cabalmente con los ritos y costumbres que estar realmente enamorado como para unirse y conformar un matrimonio por amor. No, éste no es el caso. Para el joven filósofo siempre estará la costumbre por encima de cualquier otra actividad humana y desde luego, se puede mejorar, pero nunca ignorar, por lo que el matrimonio de Confucio se lleva a cabo sin amor, con todo el ritual y eso sí, con un exagerado respeto entre la pareja.

Desde luego que a Confucio no le acontece lo que a su padre, ya que al año de haber contraído matrimonio su joven esposa da a luz un varón, a quien en un principio llaman Li y posteriormente, gracias a un pez de regalo del duque de Chao, le cambia el nombre por el de Po-yu, *Carpa del primogénito*. Antes y después de la unión conyugal, Confucio es un hombre respetado por su inteligencia y sabiduría, y a pesar de no tener una posición económica desahogada, es invitado a reuniones de la alta nobleza así como con los que no poseen nada.

¿Alguien puede imaginarse a un sabio y filósofo desempeñando trabajos como el de cuidar graneros y a los postes donde atan las cuerdas que sujetan a los bueyes que serán llevados al rastro o matadero?, pues esas son sólo dos de las actividades que desempeña Confucio en su inicial vida como empleado y no es motivo de vergüenza alguna para él, ya que en ese entonces piensa: *No debo distraerme pensando en ser mucho mejor en el futuro, ya que éste llegará en su momento justo.*

Efectivamente, a los de tres años de graduarse, cuando cumple los 22, empieza una actividad que lo llenará de satisfacción y que servirá para difundir y conservar su obra filosófica durante muchos siglos, tantos, que al inicio del siglo XXI, Confucio y su escuela están tomando nuevos bríos e impulso; sobre todo desde que los gobernantes chinos de la actualidad le están devolviendo al Maestro Confucio toda la importancia que tuvo, tiene y tendrá en la forma de ver y vivir de los chinos y de muchas culturas del mundo.

Pero la China de hace 2,500 años no es un paraíso ni mucho menos, ya que en el mundo conocido de entonces, muchas naciones están aumentando los miembros de sus ejércitos, la pobreza extrema crece día con día, los impuestos suben constantemente y la inconformidad por esta situación también es alarmante.

Y en medio de esta crisis, Confucio logra reunir los fondos suficientes para conformar una Gran Escuela que rápidamente logra fama, porque la gente comenta que es de quien nació en la gruta de la montaña, por lo tanto, de alguien tan especial, que es conveniente saber de qué se trata, aunque no es inmediata su aceptación por parte de los nobles, quienes al recibir un mensaje de Kung-fu-Tzu (Confucio) lo rechazan en público y lo hacen objeto de burlas y escarnio en privado. La primera gran equivocación del sabio chino es pensar que si lo que él enseña es de corazón debe ser recibido de la misma forma, y que todos lo seguirán de forma natural, pero en este país hay muy pocas actividades naturales y el apoyo de la nobleza (que de esto no tienen absolutamente nada) no llega. (Gráfica 3)

Aún así, el Maestro continúa con su escuela y pronto crece el interés de muchos jóvenes por acudir a una institución educativa poco común. Lamentablemente, varios de los aspirantes que acuden a este lugar lo hacen con intereses muy particulares, por ejemplo: para incrementar las ganancias en sus negocios, mantener ocupados a los hijos en algún lugar fuera de casa, o hasta por simple curiosi-

(Gráfica 3). La apertura de la Gran Escuela cambiará la forma de vivir y gobernar en China.

31

dad. Pero esto no desanima a Confucio, por el contrario, sabe que debe esforzarse en aquellas personas que sienten y desean llevar a cabo el impulso de hacer un algo o un mucho con sus vidas; de que sus corazones no se han equivocado al acudir al llamado del Maestro y dejan sus lugares de origen, casa, familias y amistades con la esperanza de encontrar posibles y reales soluciones a los graves problemas de su país y en particular, de sus poblados en donde han pasado toda su vida.

Al igual que el sabio griego Pitágoras (consulte en esta misma serie la obra "Grandes Iniciados: Pitágoras" de Editorial Tomo), Confucio recibe a sus alumnos con una especie de laúd en las manos, misma que en muy contadas ocasiones está lejos del alcance del filósofo (Gráfica 4). En el primer encuentro, los aspirantes se topan con un joven reservado, tranquilo y hasta cierto punto de aspecto común, muy parecido a ellos y desde luego que algunos se decepcionan de esta primera impresión; pero todo esto cambia cuando el maestro les habla de la virtud, del poder pero no material, el del espíritu, el de las almas libres que buscan su camino no sólo en la vida terrenal, sino en la que lleva al Cielo a través del estudio y la práctica de una filosofía poco común en un país nada común.

Kung-fu-Tzu invita a los aspirantes a que saquen todo el provecho de la antigua sabiduría de quienes forjaron la época Dorada de la Tierra de Chin; a que sean capaces de tomar lo mejor de cada quien y lograr tener una visión verdadera y excelente para el futuro, con lo cual, la cultura en general, siempre estará en ascenso, dándole a la humanidad otra categoría; haciéndola más celestial y menos terrestre: más universal y menos militar; más filosófica y menos guerrera. Sólo así se puede pensar en un porvenir próspero y cercano a la divinidad.

Con este modo de pensar, Kung- fu-Tzu tiene una actitud totalmente definida al respecto de qué hacer y cómo con los aspirantes a ingresar a su escuela. Él dice: "*A todos*

(Gráfica 4). Confucio aprende a tocar el laúd en la famosa escuela del Maestro Siang y con música recibe a los alumnos de nuevo ingreso a la Gran Escuela.

los jóvenes que llegan hasta mí para solicitarme voluntariamente que les enseñe, nunca los rechazo aunque digan que sólo pueden pagarme con una docena de piezas de carne". En efecto, el Maestro es el director de una escuela muy humilde e incluso cobra las colegiaturas a sus alumnos según la situación económica de sus padres.

Una vez aceptados, los pupilos se reúnen en torno a él para escuchar sus sabias palabras y para lograr una atmósfera de armonía, paz y tranquilidad. Primero, el Maestro toca su laúd haciendo vibrar las cuerdas del instrumento musical y el de los corazones de los alumnos, quienes logran relajarse y están dispuestos a aprender todo lo que sea posible, ya que las palabras de Confucio deben ser asimiladas, pensadas y razonadas para que se transformen en semillas que florecerán gracias a la acción de la sabiduría. Hace prometer a los pupilos que se transformarán primero y siguiendo la senda de la virtud y así, lograrán cambiar a las familias, los pueblos, las comunidades, al país, al continente y finalmente, al mundo.

A este respecto, un día, un alumno de nuevo ingreso pregunta al Sabio: ¿Cómo puedo explicarles a aquellos no no ven ninguna relación entre ellos y el mundo que está a su alrededor? ¿Cómo enseñarles que cuando se adquiere la virtud se hace también con el poder personal?

Estas preguntas entusiasman al Maestro ya que abarcan varios de los secretos más antiguos, las cuales dicen que toda la vida está interconectada y el sendero de la virtud es el camino verdadero del poder personal.

Con la calma que lo caracteriza, Confucio toma una vara y empieza a dibujar en la tierra círculos cada vez más grandes hasta que todos quedan contenidos en el mayor de ellos, y entonces que explica: *"Cuando los antepasados deseaban ilustrar la virtud a través del reino, primero ordenaban sus propios estados; deseando ordenar bien sus estados, primero organizaban a sus familias; deseando organizar a sus familias, primero cultivaban su persona; deseando cultivar su persona, primero cambiaban sus corazones; deseando cambiar sus corazones, primero buscaban ser sinceros en sus pensamientos; y deseando que hubiera sinceridad en sus pensamientos, primero buscaban el conocimiento verdadero dentro de su alma".*

Después de esta explicación y de mirar fijamente los círculos sobre la tierra, el neófito alumno no necesita saber más por el momento. La luz ilumina su rostro y una amplia sonrisa se dibuja en su cara, y viendo el Maestro que su explicación ha sido entendida y asimilada, redunda: *"Ha-*

biendo buscado el verdadero conocimiento en su alma, llegaron a ser sinceros en sus pensamientos; por la sinceridad de sus pensamientos, cambiaron sus corazones; cuando sus corazones cambiaron, sus personas se transformaron; cuando sus personas se transformaron, sus familias quedaron bien organizadas; cuando sus familias quedaron bien organizadas, sus Estados fueron bien gobernados; y cuando sus Estados fueron bien gobernados, el reino estuvo en paz".

Pero así como el Maestro y sabio es condescendiente con los jóvenes que tienen verdadero interés en aprender y enseñar, no lo es con quienes no tienen ideales ni metas en la vida, por lo tanto, a éstos se dirige diciéndoles: *"Siempre he considerado como un esfuerzo inútil intentar que me comprenda alguien que no pone todo su corazón en escucharme. ¿Por qué debo enseñar a hablar a quien prefiere permanecer callado? Si le abro la puerta del conocimiento y después le entreabro las otras tres, el hecho de observar que él se niega a finalizar todo el proceso, me lleva a negarme a continuar enseñándole. Si alguien se empeña en preguntarme: ¿cómo debo hacerlo?, mi obligación es retirarme porque no existe comunicación entre los dos".*

Kung-fu-Tzu sabe que el mundo es un gran salón de clases donde todo lo que se aprende debe ser aplicado en la vida cotidiana. También pretende que los alumnos tomen todas las virtudes que se les presenten, empezando por la memorización de sus palabras y después por el razonamiento de las mismas. Con esta combinación se producirán los frutos deseados para todos.

Una forma eficaz de que lo memorizado se transforme en conocimiento y posteriormente en sabiduría, es la discusión y el diálogo después de cada lección, ya que cada participante aporta parte de lo aprendido, y al final, al conjuntar las piezas, se logra un todo y ese es el verdadero aprendizaje.

Sin embargo, no todo se deja a la creatividad y libertad del pensamiento. Kung-fu-Tzu insiste en que memorizar sin reflexionar es inútil y a su vez peligroso porque supone la reflexión personal sin el estudio y memorización de la enseñanza, por lo que resume de esta manera. *"Estudiar y no reflexionar es inútil, reflexionar y no estudiar es peligroso"*. También insiste hasta el hartazgo en lograr la unión entre el conocimiento y las virtudes, por lo que explica: *"Amar la bondad y no amar el estudio es causante de estupidez. Amar el conocimiento y no hacerlo con la virtud, su defecto es que causa daño a otros. Amar la franqueza y no amar el estudio es causa de confusión"*.

Esta enseñanza, siempre e invariablemente, debe ser cobijada por la sinceridad ya que: *Es el principio y fin de todas las cosas y actividades de los seres pensantes. Cuando un individuo miente, en el cerebro se produce un gran trastorno.* Al referirse al cerebro, el maestro Confucio lo relaciona con un desorden en la conciencia que altera el orden universal, ya que todo en la naturaleza está íntimamente ligado y al final se es un todo, un conjunto, un solo cuerpo, el macrocosmos, que es parte del microcosmos y viceversa.

Las cátedras de Confucio

El Maestro Confucio imparte cátedras de música, principalmente de su instrumento favorito, el laúd; historia, en la que destacan los ritos y las actividades de los reyes plasmadas en el *Chu king*, el "Libro de los Documentos" y "La Primavera y El Otoño" con las crónicas de su país. Esta parte de la historia es sumamente importante, tanto, que el sabio chino la enseña siguiendo una de sus máximas: *"Comunico las historia de los reyes y mi país sin modificar en nada los antiguos textos"*. La última materia que imparte es la de poesía, verdaderas sesiones épicas, románticas y místicas.

Para Kung-fu-Tzu, la relación Maestro-alumno debe ser una copia exacta de la organización social gobernante, en la que el maestro representa al soberano y los discípulos adoptan el papel de súbditos obedientes y respetuosos de la autoridad; así, el Maestro y sabio es el primero en respetar las leyes y la relación Mentor-estudiante para que los pupilos lo hagan con él.

Desde luego, no todos los que escuchan a Kung-fu-Tzu entienden sus enseñanzas, sobre todo las referentes al alma, a la cual no le quieren reconocer toda la importancia que merece, ya que ésta debe ser cultivada con paciencia y amor para que la cosecha sea pródiga, pero algunos no están dispuestos a esperar el mejor momento para recibir otras lecciones, por lo que se desesperan y reclaman.

—Maestro, muchos de nosotros vinimos de lugares muy lejanos para adquirir conocimientos a través suyo y lograr llevar una nueva forma de vivir, sin embargo, nuestras lecciones consisten en escuchar, aprender y recitar poesía, y en tocar y cantar antiguas canciones. Eso no nos da ninguna enseñanza.

Confucio mira a su discípulo entre duro y comprensivo, por lo que contesta:

—Una educación de verdad, basada en la virtud, empieza con la bella y elegante poesía, fortalecida con una conducta correcta y perfeccionada por la delicadeza de la música.

Tampoco todos los que acuden hasta la escuela del Maestro tienen estudios formales, muchos de ellos llegan por verdadera fuerza de carácter y a pesar de que sus padres no están de acuerdo en que se eduquen en lugar de ayudar en las labores del campo, las artesanías y cualquier otra actividad lucrativa, ya que consideran que no es más importante la educación que las actividades familiares. Confucio responde a estas inquietudes tomando una hermosa pieza de jade tallado y al mismo tiempo que la mira detenidamente, dice: *"Una pieza de jade no llegará a ser objeto de arte si no ha sido cincelada; de igual forma, una persona no puede conocer los grandes principios sin la educación. Por esta razón, los antiguos y sabios reyes consideran a la educación como el primer y más grande factor en sus esfuerzos por establecer y mantener orden en un país".*

Para que no haya duda, Kung-fu-Tzu redondea su enseñanza diciendo: *"Los grandes principios que deben enseñarse, son los mismos que miras alrededor tuyo. Mira como el cielo interactúa con la Tierra; como el rayo conversa con las montañas; como el fuego le responde al viento. Dentro de ellos hay un orden y una armonía natural, por lo tanto, dentro de ellos están los grandes principios de la educación".* (Gráfica 5)

Con estos razonamientos Confucio quiere que sus alumnos entiendan lo que él llama "Naturaleza Humana"; aquella que llega directamente del cielo y que se resume al cumplimiento de las normas de esta naturaleza y que el sabio denomina Ley Moral, aunque ésta sea, sencilla y brillantemente, Cultura. Como no es posible que los humanos ignorantes puedan descifrarla, las personas sabias empiezan su aprendizaje con el estudio de las relaciones familiares y de ahí da dos enormes saltos, se proyecta a toda la humanidad y posteriormente al mismo Universo.

(Gráfica 5). El Maestro Kung-fu-Tzu acostumbra reunir a sus alumnos en el campo y a su alrededor para compartir sus enseñanzas y el aire limpio.

A este respecto, un alumno pregunta al Maestro:

—Cada vez que miro por todos lados, observo división en nuestra sociedad; pocos ricos y muchos pobres, los nobles alejados de la gente común, los comerciantes peleando con empleados del reino, ¿cómo es posible cambiar todo esto de una vez y para siempre?

—Es tan fácil como el deseo de cambiarlo, **¡cuando toda la gente esté educada, la distinción entre clases desaparecerá!**

El discípulo insiste.

—Pero si estas desiguales han existido durante miles de años, ¿por dónde debemos empezar a hacer los cambios necesarios?

Y el Maestro, con toda la calma que le es posible y mirando dulcemente a su interlocutor, coloca su mano derecha en el corazón y le da unas ligeras palmadas. El alumno entiende claramente la respuesta.

Nunca se es suficientemente viejo para dejar de aprender

Con sabiduría, el Maestro insiste a sus discípulos que nunca dejen de aprender ya que con esto mejorarán la calidad de vida día a día, siendo tan importante como todas las funciones vitales del cuerpo, tales como alimentarse, asearse, respirar y dormir. Se empieza por la observación de lo que rodea los individuos, a la siempre sabia naturaleza y por eso les aconseja: *Las virtudes humanitarias conceden hermosura a cualquier lugar, por lo que quien no piensa en el bien de los demás, el cual existe en el lugar que elige para vivir, nunca podrá asegurar que ha alcanzado el verdadero conocimiento.*

Otro día, uno de los estudiantes más avanzados de la Gran Escuela está solo, deprimido y muy pensativo. El Maestro lo observa a lo lejos y poco a poco se acerca sin que sea notada su presencia, hasta que Confucio lo abraza por detrás de los hombros y pregunta:

—¿Qué es lo que no te agrada?

El alumno salta por la sorpresa y la pregunta, y responde:

—Por más que dedico muchas horas del día al estudio, tengo más dudas y problemas con muchos de los conceptos de sus cátedras y no alcanzo a comprenderlos. No soy un sabio ni mucho menos, pero amo con todo mi corazón su enseñanza y siento mucho coraje interior no conocerlos a profundidad. Esto me provoca un miedo tremendo, ya que considero que no soy buen estudiante porque no he aprendido muchas de sus palabras.

El Maestro da vuelta a su alumno para colocarlo de frente a él y lo toma de los hombros para decirle sonriente:

—Si un individuo reitera sus intenciones de amor por el mundo y lo aplica sinceramente como el de un virtuoso; si sirve a sus padres con toda su fortaleza; si en la relación con sus amigos sus palabras son sinceras, como lo es en tu caso, entonces, aunque los hombres digan que él no ha aprendido, yo, con total seguridad diré: ¡él sí sabe!

Entendida esta parte, uno de los estudiantes más adelantados pregunta al Catedrático Confucio:

—Maestro, yo tengo dos dudas: ¿cuándo terminaremos de estudiar? y ¿algún día llegaremos a un punto donde hayamos llegado a comprender todo lo que hay que saber?

No es la primera vez que le preguntan esto, pero igual que las veces anteriores, siempre obtienen una respuesta:

—El estudio más grande de todos es el que nos enseña a desarrollar aquellos principios de pureza y virtud perfecta que el cielo nos otorgó desde nuestro nacimiento. Estos regalos son nuestros con el fin de adquirir poder e influir en los demás para que sean mejores ya que, utilizando nuestro ejemplo y preceptos, podemos influir en aquellos que están entre nosotros. Consecuentemente, la vida es un estudio sin fin y para nuestra labor, únicamente termina cuando llegamos a ser prefectos.

—Maestro, entonces ¿cómo podemos adquirir la virtud a lo largo del camino? ¿Se logra por nuestros esfuerzos o es causa de un poder espiritual más elevado? –inquiere otro estudiante.

Condescendiente Confucio sonríe, suspira profundamente y contesta:

—¡El poder de las fuerzas espirituales en el Universo está activo alrededor de todos nosotros, aunque invisible a los ojos; es parte de todas las cosas y nada puede escapar a su funcionamiento!

Y sonriendo abiertamente esta vez, bromea con su discípulo:

—Yo no sé en usted, pero es el Cielo el que ha producido la virtud dentro de mí.

Cheng-Tsai fallece

Cuando Kung-fu-Tzu tiene 22 años y se ha consolidado como uno de los Maestros más afamados y reconocidos en su país, sufre la pérdida de su madre quien fallece muy joven, antes de cumplir los 40 años. Esta noticia acongoja totalmente a Confucio, ya que sabe y reconoce públicamente que es gracias a la tenacidad, paciencia y lucha constante de su madre lo que le permite acceder a estudios costosos reservados a los nobles; y estas características arraigaron fuertemente y para siempre en su hijo.

Con todo y su filosofía de ver la muerte como algo natural, Confucio no puede ignorar el dolor que le produce este fallecimiento. Una vez repuesto, decide que los restos de su padre Chu-leang Ho y de su madre Cheng-tsai descansen en paz juntos. Aunque esta tarea es sumamente complicada, ya que los restos de su padre, enterrado en una fosa común, llevan 20 años bajo tierra, aplica su filosofía de no claudicar en una noble tarea por más problemática que pueda parecer y logra este encuentro del más allá al sepultar a sus padres juntos en la localidad de Fang, dentro del principado de Lu.

Respeto a las tradiciones

Kung-fu-Tzu lleva a cabo esta tarea porque la ley así lo permite. Lo que no procede, es colocar un montecillo de tierra sobre las tumbas, mismo que tiempo después, como un mensaje divino, un rayo destruye. Al enterarse, el Maestro reconoce que *Los antiguos nunca enterraban juntos a los familiares fallecidos en épocas distintas ante el temor de que volvieran a aparecer; sin embargo, en el "Libro de las Canciones" está escrito que "Los parientes deben compartir la sepultura al morir". Es correcto saber que tampoco colocaban un montecillo o túmulo, y como a pesar de ello me considero un hombre del Norte, Sur, Este y Oeste, era necesario colocar un distintivo para recordar con mayor claridad a quienes me dieron la vida. Por lo tanto, no repararé el montecillo, porque lo entiendo como un mensaje de los dioses de que no desean ese tipo de distinciones entre las sepulturas.*

En ese tiempo y en muchos lugares de China, todavía se guarda luto durante dos años y tres meses, el triple de la duración de un embarazo; periodo en el cual no se debe llevar a cabo ninguna actividad laboral permaneciendo en casa la mayor parte del tiempo. Desde luego que Confucio reduce al mínimo su actividad magisterial durante el lapso de duelo aunque no la deja totalmente, así como tampoco el cinturón que indica que ha perdido a un familiar muy querido y cercano.

Lo mejor: una familia amorosa

Es tal la nostalgia por su madre y por la familia completa que nunca tuvo, que para que sus alumnos entiendan y comprendan la importancia de la unión familiar, los acompaña a un mercado público para que los discípulos observen a las familias que acuden a hacer sus compras.

Al paso de las horas, todos miran como algunos padres jalonean a sus hijos para apresurarlos a caminar en tanto hacen sus compras; otros, se olvidan de ellos mientras llevan a cabo las compras. Casi todas las familias que acuden a este mercado tienen estas dos actitudes bipolares: no lastimar a los hijos para llevarlos a su ritmo y no se pierdan, o ignorarlos rayando casi en el olvido, hasta que al final del día todos los observadores, incluido el Maestro, miran una familia distinta que camina entre la muchedumbre.

Esta familia camina normalmente, sin prisa pero sin calma, lo que les permite un movimiento coordinado, armónico y digno al desplazarse. El amor entre ellos sobresale por entre las otras personas por lo que Confucio sonríe entusiasmado, al respecto comenta: "*Observen muy bien este ejemplo amoroso de una familia que el amor hace resplandecer de un extremo a otro del Estado, ya que su educación llega a ser la educación del Estado*".

Es tal la importancia de la familia armónica y amorosa para Kung-fu-Tzu, que en una ocasión en que él intenta instruir a un miembro de la nobleza sobre la virtud e importancia del cultivo del alma, el discípulo, lamentablemente, interrumpe constantemente la enseñanza quejándose.

—¡Mi esposa siempre está de mal humor; mi hijo es desobediente y mi hija es coqueta con los cortesanos! No entiendo por qué. Siempre les he dado todo lo que tengo, pero míralos ¡son una deshonra para mi nombre!

Antes de contestar, Confucio toma su taza de té lentamente y le da un sorbo, lo saborea y es entonces cuando contesta:

—Quien es incapaz de controlar a su propia familia, no podrá ser capaz de controlar una nación. Aquellos que continúen por la senda de la virtud, encontrarán dentro de los límites de su propio hogar, campo suficiente para ejercitar todos aquellos principios sobre los cuales depende un buen gobierno. La relación con respecto a los padres de cada quien, con la esposa e hijos, es un símbolo de la armoniosidad que hay entre toda la gente. La relación que hay entre el esposo y la esposa es la relación más importante en la familia; así como la relación que hay entre el gobernante y el pueblo, es la relación más importante para el gobierno. (Gráfica 6)

Desde luego que para el Maestro Confucio, quien no es capaz de gobernarse a sí mismo con amor, no podrá hacerlo con una familia y mucho menos como un gobernante sabio y justo. De ahí, la importancia de la familia armoniosa y amorosa que tanto propugna Kung-fu-Tzu.

Nadie como Confucio para aconsejar

Con el paso del tiempo y ya cumplidos los treinta años, Confucio ha aumentado su prestigio y fama como hombre sabio, recto, justo, ético, respetable, inteligente, observador, amigable, exigente y respetuosos de los ritos y costumbres heredadas de muchos siglos atrás. Por lo tanto, no es extraño que muchos nobles, clase medieros y pobres acudan a él cuando necesitan de un consejo que los saque de dudas y problemas. Tal es el caso del duque de King de Tsi, quien tiene una discusión con su inteligente ministro Yen Ping y solicitan al Maestro de Lu que los aconseje en la siguiente interrogante:

(Gráfica 6). Dice Confucio que lo más importante de un reino es una familia unida, armónica y amorosa.

—Hace un siglo el duque Mu de Tsin adquirió unos territorios bastante alejados de su zona de control, Maestro, tú puedes explicarnos ¿cómo le hizo para pacificarlos?

A lo que Kun-fu-Tzu responde:

—Aunque los territorios estaban muy retirados de su zona de influencia y control, el duque King demostró una gran decisión y sabiduría, ya que para acortar distancia, recurrió a sus mejores colaboradores, y una de sus primeras decisiones fue la de ascender a un oficial de los cinco carneros que gobernaban sus recientes tierras. Después, le dio tres días para constatar lo que hacia falta para lograr una paz duradera y al escuchar sus razones, lo declara gobernador del lugar. Al confiar plenamente en él, fue correspondido en la misma medida.

No siempre son bien recibidos sus consejos, sobre todo por la gente rica y gobernante, quienes creen saberlo todo y en realidad son ignorantes de la existencia y verdad de la gente que gobiernan. Éste es un claro ejemplo: En una ocasión en que los nobles están borrachos, empiezan a quejarse del "poco apoyo que reciben de los habitantes del pueblo".

—¡Con esta gente no recibimos ninguna lealtad hacia nosotros! ¡No se unirán a nuestros ejércitos a menos que los reclutemos por la fuerza; es más, hasta les ha dado por enterrar su dinero porque dicen que lo que les cobramos de impuestos es muy alto, nunca se ha visto tanta deslealtad a los gobernantes!

Otro agrega:

—Si, debemos asegurarnos de enseñar a nuestros hijos como tratar a los desagradecidos campesinos. ¿Cómo viviremos si continuamente se resisten a alistarse en nuestros ejércitos y a pagarnos los impuestos?

Confucio escucha estos reclamos y sin miramientos encara a los gobernantes diciéndoles:

—¡Si los descendientes de emperadores y príncipes carecen de virtud, deberían ser como la gente común y la gente común que practique la virtud, ¡debería elevarse al rango de gobernante!

Pero la embriaguez de los nobles es tal, que sólo saben reír como retrasados mentales y replican:

—Kung-fu-Tzu, vives en un mundo idealizado. Todo lo tuyo está basado en un ideal. Sin embargo, ¡nosotros sí debemos vivir con la realidad!, o qué, ¿esperas que abandonemos todo aquello que tenemos, al igual que nuestra riqueza, por este mundo soñado que profesas?

Sin inmutarse por tan descabellado cuestionamiento, Confucio responde:

—Los gobernantes que siguen el camino de la virtud deben primero vigilar su propio carácter, ya que si tienen carácter, entonces la gente estará con ellos; si la gente está con ellos, entonces tendrán autoridad sobre un territorio; si tienen autoridad sobre un territorio, entonces tendrán riqueza; y si tienen riqueza, podrán realizar cualquier actividad. ¡Es así que el carácter es fundamento, mientras que la riqueza es el resultado!

Los beodos nobles quedan en silencio; saben que cualquier otro argumento que digan en contra de lo que les ha sido indicado por el Maestro resultará contrario a sus bajos intereses, por lo que Confucio decide retirarse, y en cuanto lo hace, se escuchan las voces y risas burlonas de los borrachos que no han comprendido absolutamente nada de lo que les ha sido indicado por el Maestro.

Al siguiente día, Confucio acude nuevamente ante los aristócratas porque éstos discuten sobre la imperiosa necesidad de crear leyes más duras, más cárceles y nombrar jueces tremendamente estrictos y exigentes. Él los escucha sin mencionar ni una palabra, hasta que le preguntan su opinión.

—Si ustedes usan las leyes para guiar a la gente y controlarla, ellos únicamente evadirán las leyes y no desarrollarán ninguna conciencia; ¡pero si ustedes los guían por la virtud y los controlan por sus costumbres, ellos tendrán conciencia y sentido de lo que es correcto.

(Gráfica 7). Una de las pocas veces que el Maestro se enoja, grita a los gobernantes: *¡Cuando todos vivan en la virtud y armonía, el gobierno y sus gobernantes serán innecesarios!*

Desde luego que estas palabras no sólo no son entendidas en toda su magnitud sino que son casi ignoradas, tomando en cuenta lo que comenta uno de los nobles:

—Lo que dices es interesante, pero la gente desafía las leyes; han perdido la conciencia y sentido de lo correcto e incorrecto, por lo que no es nuestro trabajo replicarles, pero sí proteger a quienes respetan las leyes.

Con esta afirmación, los nobles solamente demuestran su total desconocimiento sobre la forma de ser y pensar de la gente que gobiernan, provocando el disgusto de Kung-fu-Tzu, quien decide retirarse no sin antes lanzar esta advertencia.

—¡Cuando todos vivan en la virtud y armonía, el gobierno y sus gobernantes serán innecesarios! (Gráfica 7)

Estos consejos del Maestro Confucio son enseñados también a los discípulos ya que muchos de ellos son de condición humilde y no sienten estar preparados para lograr los cambios para bien de la comunidad, porque, desde siempre, han dependido de lo que decidan y hagan o dejen de hacer los gobernantes; por eso, insiste en que debe ser comprendido en todos sus conceptos.

Un día, un estudiante de su Gran Escuela pegrunta:

—¿Cómo es que nosotros teniendo tal condición de humildes de vida, de ser hijos de granjeros o tenderos, podemos cambiar verdaderamente el gran orden social? ¡Si nosotros somos insignificantes en el enorme intercambio que existe entre el Cielo y la Tierra!, Maestro, ¿realmente podemos ser la diferencia o sólo estamos desperdiciando nuestro tiempo?, ¿por qué los nobles vienen, escuchan y no se quedan?

Confucio entiende muy bien las dudas del alumno y antes de responder, respira profundamente, cierra los ojos y entonces comenta:

—Las personas virtuosas llevan una vida moral y es deber de cada quien cultivar su vida continuamente sobre este principio. Los senderos de las personas virtuosas son modestos y aun ellos crecen en poder evidentemente. Estas personas saben que la realización de grandes obras consiste en hacer bien pocas de ellas. Saben que los grandes efectos son producidos por pequeñas causas. Por lo tanto, son las personas virtuosas quienes, por vivir una vida sincera y en la simple verdad, lo que puede ayudar a cambiar el mundo.

Un claro ejemplo de la enseñanza anterior ocurre cuando un día que tienen una visita en la corte y se les ha hecho tarde para el encuentro, Kung-fu-Tzu se detiene para dar una moneda a un pordiosero, después vuelve a detenerse para consolar a una madre afligida y esto colma la paciencia de uno de los alumnos.

—Maestro, ¿por qué hace usted todo esto precisamente en este momento? Estamos retrasados para llegar a la corte, donde habrá oportunidad de hacer algo que tenga mucho mayor impacto.

El Maestro voltea a ver al imberbe muchacho y pacientemente le dice.

—¡Estoy totalmente sorprendido por tu comentario! ¡Seguramente no sabes que los actos pequeños practicados con el corazón son los que conducen hacia los grandes actos!

El discípulo queda tranquilo por estas sabias palabras y a partir de ese instante deja de tener prisa por llegar a su destino; comprende qué importante de la vida es estar donde se pueda aprender y en ese momento no es con los nobles ni en sus palacios, sino en la calle, con la gente común y al lado del Maestro.

Practicar la bondad como una virtud intrínseca en los humanos es una de las enseñanzas fundamentales de Confucio para con sus alumnos y los nobles; incluso, cuando existen discusiones en torno de cuál de todas las virtudes es la mejor, el Maestro permite que todos intervengan sin que él lo haga, ya que es una excelente forma de aprender. Y cuando la polémica se atora, es cuando acuden a la sabiduría del Maestro para salir de cualquier duda, por lo que lo cuestionan.

—Maestro, ¿existe una virtud única la cual pueda ser personificada como una forma de vida?

El sabio chino coloca lentamente su mano derecha en el pecho, a la altura del corazón y responde con una pregunta:

—¿No es la bondad tal virtud?

Todos asienten con la cabeza y uno de los discípulos pregunta:

—Pero, ¿siempre debemos responder a la vida con bondad? ¿cómo debemos responder a las palabras ásperas, groseras, insultantes y a los actos que causan daño?

—Es muy sencillo, respondan a la bondad con bondad y al daño... con justicia. Responde el Maestro concluyendo la discusión.

En otra ocasión, cuando Maestro y estudiantes caminan por el campo, son testigos de los extremos de la mala distribución de la riqueza. Sobre la vereda, una procesión de aristócratas marcha lentamente y como esto no es muy común, los harapientos campesinos se colocan a los lados del camino para admirar la opulencia de los ropajes de seda, los magníficos caballos que ostentan crines trenzadas con hilo de oro y las valiosas joyas de los gobernantes.

Los ojos de los campesinos no saben que ver primero. Su vista se pierde ante tanta exuberancia. Nunca en sus vidas han estando tan cerca y tan lejos de tanta riqueza. Cuando la marcha se pierde en la lejanía, Confucio y sus alumnos están sumamente disgustados por la petulante ostentación, por lo que el Maestro sacude su cabeza y comenta: *¡La prosperidad de una nación no consiste en su prosperidad material sino en su honradez! Recuerden muy bien esto, para reunir riqueza dispersemos a la gente, para distribuirla, atraigámosla.*

6

Primer peregrinaje aleccionador

K ung-fu-Tzu no se conforma con enseñar sólo dentro de la Gran Escuela, sino que constantemente hace que sus estudiantes tengan contacto con todo tipo de personas, por lo que lleva a cabo recorridos por muchas calles de los pueblos del principado de Lu. Es así que, visitando un cementerio, todos se detienen bruscamente al contemplar a una mujer que llora desconsoladamente ante una tumba; un estudiante se acerca a la dama y pregunta:

—¿Tu lamento es por alguien en especial?

La mujer voltea a ver al joven al mismo tiempo que contesta:

—Hace muchos años el padre de mi esposo fue destrozado en este lugar por un tigre, después, mi esposo y ahora mi hijo han muerto de la misma manera.

Confucio se acerca a la mujer y la cuestiona:

—¿Por qué no se aleja de este lugar de duelo y peligro?

Sin inmutarse, ella responde:

—Porque aquí el gobierno no es opresivo.

Y volteando hacia sus discípulos, el Maestro les dice en tono severo y extremadamente serio.

—¡Recuerden esto, un gobierno opresivo es más terrible que una manada de tigres!

Continuando con su recorrido de ese día y siendo ya la tarde, Confucio aún tiene en mente lo acontecido con la señora que perdió a su familia y la pésima actitud de los gobernantes para con sus gobernados, por lo que, ya sin contenerse explica a sus alumnos:

—Los gobernantes pasan mucho tiempo dando discursos y prometiendo acciones que no tienen la menor intención de cumplir. Hacen alardes de poder sin ningún sentido y todo esto es demasiado vergonzoso para ellos y para quienes los escuchan. No saben que las primeras palabras de los líderes deben ser como hilos de seda, pero cuando son enviadas por delante de ellos llegan a ser como sogas sobre el cuello, por lo tanto, el gran hombre no se conduce hablando ociosamente. ¡El hombre excepcional no dice palabras que no puedan ser sostenidas por sus actos!

Al llegar la noche, afuera de la Gran Escuela, Kung-fu-Tzu reúne nuevamente a sus alumnos a su alrededor y les pide que observen lo que ven a lo lejos, que no es nada agradable: miran como un soldado cobra impuestos maltratado a un ciudadano; una discusión entre varios vecinos por la pertenencia de unos animales domésticos; la ejecución de un delincuente por parte de los militares; y el lado amable, el de cómo mucha gente trabaja con gusto y dedicación. El Maestro voltea hacia sus estudiantes y tras cerrar los ojos, suspirar profundamente y sentarse en medio del círculo humano, comenta:

—Vemos personas de mérito y no somos capaces de ascenderlos en sus cargos; los ascendemos en su cargo y no somos capaces de hacerlo con rapidez. Esto es tratar a la gente digna con menosprecio.

Y el sabio insiste:

—Vemos gente mala y no somos capaces de destituirla; destituimos gente mala pero no somos capaces de enviarla muy lejos. Esto es debilidad. Si los hombres de bien fueran los gobernantes de un país durante cien años, serían capaces de transformar a los malos y violentos, y dispensarlos de la pena de muerte.

Uno de los deseos de Kung-fu-Tzu desde que es adolescente es visitar Loyi, la capital de Cheu, porque por referencia sabe que en esa ciudad los ritos y la música tienen un lugar especial para la gente, por lo que decide llegar hasta este lugar acompañado únicamente por dos de sus discípulos más avanzados Nan-gong y King-chu. Durante el largo recorrido Confucio tiene extensas pláticas con ellos, ya que una vez de regreso serán los encargados de hacer públicas sus enseñanzas a los demás discípulos. De éstas, destacan las siguientes:

En muchas ocasiones, el Maestro manifiesta su enorme interés y respeto por los textos antiguos y los antepasados gloriosos de la historia de China. Una vez obtenida la total atención de sus alumnos, él comenta: *"En los tiempos de los reyes Wen, Wu y el venerable duque de Zhou, aquellos que poseían grandes cualidades morales lograban mantener posiciones altas y tenían gran prosperidad, por lo que les correspondía un gran nombre y existencia. Por lo tanto, quienes poseían las más grandes virtudes retuvieron los más grandes cargos, puesto que había abundancia para todos"*.

Extasiados por la sabiduría de Confucio, King-chu pregunta:

—Pero Maestro, ¿estos tiempos como los que comentas existieron realmente o son sólo llamas de esperanza y sueños?

Por respuesta, el inquieto estudiante obtiene únicamente una señal en la cara del mentor, quien cierra los ojos y permite que, en su meditación, él esté presente en esos tiempos y con esos sabios gobernantes.

Al día siguiente, King-chu y Nan-gong ya tienen otras preguntas que hacer al paciente y sabio Maestro, quien jamás se niega a dar respuestas aunque éstas no siempre sean verbalmente.

—Por favor Maestro, ¿puede decirnos por qué dedica tanto tiempo al estudio de las palabras, rituales y costumbres de nuestros antepasados? ¿Por qué cree que es tan importante saber los detalles de los ritos, música, poesía y hasta la forma de vestir? Hemos escuchado de gente de la nobleza que usted se engaña con todo este estudio de la historia de China.

Antes de contestar, Confucio señala con su dedo índice a la lejanía donde se aprecian llanuras, montes, aves, árboles y animales.

—¡En este mundo y en el Universo, no hay nada más visible que lo invisible y nada más obvio que lo que es pequeño!

Desde luego, Kung-fu-Tzu recuerda con sus dos discípulos la ocasión en que un trío de falsos estudiantes se burlan de una de las clases que él impartió, y uno de ellos dice en tono de burla:

—¡Ha qué profesor! Él cree que debemos estudiar la historia y costumbres de nuestros antepasados para encontrar la sabiduría

—Claro, responde otro; habla del cambio pero solamente ofrece acertijos en sus estudios y no soluciones para el futuro.

—Si, tercia el último. Él pertenece a otra época y otro tiempo; sus enseñanzas no pueden entenderse, por eso, ¡la gente nunca responderá a ellas!

Pero el trío de mal educados no se ha dado cuenta que detrás de ellos, el Maestro ha escuchado cada palabra que han dicho burlonamente. Sin embargo, Confucio no está enojado sino decepcionado, y tratando de que estos alumnos comprendan la verdadera naturaleza de sus palabras, se dirige a ellos y principalmente a sus conciencias, diciéndoles:

—¡En tiempos de cambio, aquellos que siguen el sendero de la virtud regresan a la norma inmutable y dado que esto es lo correcto, las masas despiertan a la virtud!

Los tres mozalbetes asienten con la cabeza y huyen sin importarles el ridículo que acaban de hacer. Esto permite al Maestro dirigirse a los discípulos que lo rodean y que han presenciado la bochornosa fuga, para decirles:

—Ahora saben por qué la vida moral no es practicada.

El sabio interpreta mal la ley moral al tomarla por algo más elevado de lo que es en realidad y el necio no sabe lo suficiente de lo que en realidad es la ley moral. Las naturalezas nobles quieren vivir demasiado arriba de su personalidad moral ordinaria y las naturalezas innobles no viven lo suficientemente arriba, no más allá de su verdadera personalidad moral ordinaria. No existe alguien que no coma y beba, pero existen pocos que en realidad conozcan el sabor.

Estos recuerdos le dejan a Confucio y a sus acompañantes un buen sabor de boca, no por la impertinencia y majadería de los mozalbetes sino porque los demás alumnos aprendieron de los errores del trío.

Guerras

En cada población a la que llegan los tres viajeros, escuchan rumores de posibles guerras en las provincias de China y esto inquieta mucho a los dos acompañantes de Confucio, a quien preguntan:

—Maestro, ¿nunca ha habido un tiempo en el cual no haya habido guerra? ¿Un tiempo donde la humanidad haya vivido en paz?

Recordando un antiguo libro de historia, él responde:

—Si, en los tiempos de los reyes de Wen y Wu de quienes ya les he hablado en otras ocasiones. Fue durante la Gran Edad Dorada de China, en una época llamada "La Gran Armonía".

Y sin dar tiempo a un nuevo cuestionamiento, agrega el Maestro:

—Durante "La Gran Armonía", el Tao predonimaba y el mundo era familiar para todos. Aquellos que tenían el talento y la virtud fueron elegidos. La confianza mutua se enfatizó y la hermandad fue cultivada. Por lo tanto, la gente no respetaba tan sólo a sus padres como a sus propios padres, ni ellos trataban tan sólo a sus hijos e hijas como a sus propios hijos e hijas.

Después de mirar a sus acompañantes y alumnos a la cara y observar que comprenden lo que les ha dicho, continúa:

—También se aseguraba una provisión idónea para los ancianos hasta su muerte; se les dotaba de empleo a los fuertes y sanos, y las oportunidades para desarrollarse estaban disponibles para los jóvenes. Con todo esto, la bondad y compasión se manifestaban hacia las viudas, huérfanos, hombres sin hijos y los eternamente lastimados, de tal forma que estuvieran perfectamente bien cuidados. Hombres y mujeres tenían sus respectivos deberes; odiaban ver como la riqueza se derrochaba y sin embargo, no la atesoraban para su beneficio.

Con otra breve pausa para respirar profundamente, Confucio concluye las respuestas a sus estudiantes:

—No aborrecían el uso de sus energías, sin embargo, las usaban para beneficio de los demás. De esta forma, las actitudes egoístas fueron reprimidas y no se desarrollaron; tampoco emergieron asaltantes, ladrones y rebeldes traidores, por lo que a partir de ese momento, las puertas de entrada permanecieron sin cerrojos ni guardias. Esa fue la época a la que se le llamó y llama "La Gran Armonía".

El Maestro es persistente cuando da consejos para que sus conceptos queden totalmente entendidos y claros. En este caso, les recuerda a sus discípulos cuando pasó un día completo con un príncipe para explicarle la importancia de ejercer y llevar la vida a través de la virtud, por lo que recuerda que le dice:

—Aprecia a la gente, preocúpate de que siempre tengan para comer. Honra a los muertos. Sé bondadoso para que la gente regrese a ti. Sé digno de confianza para que ellos confíen en ti. Sé diligente y sólo así lo conseguirás. Siempre debe estar primero el interés público.

Con desagrado por lo que acaba de escuchar, el príncipe reclama:

—Pero Maestro Kung-fu-Tzu, aún cuando usted tenga razón, la gente también tiene voluntad propia por lo que,

¿qué tanta importancia tiene que haga todo lo que me ha dicho si ellos realmente nunca confiarán en mí o me escucharán?

Y mirando el incipiente gobernante, el Maestro filósofo comenta:

—La virtud del líder es como el viento y la de la gente es como la hierba, si dejamos al viento que sople sobre la hierba, seguramente que la doblará.

Pero el príncipe no está dispuesto a cambiar sus ideas de gobierno. Una vez en el jardín, Confucio alza su vista y los brazos hacia el cielo y exclama:

—Quien ejerce el gobierno por medio de la virtud, puede compararse a la Estrella Polar del Norte, ya que ella se mantiene en su lugar y las demás estrellas son las que tienen que volverse hacia ella.

Purificación

Antes de llegar a Loyi, capital de Cheu, Confucio pide a sus acompañantes que lo dejen ir solo hasta lo alto de una colina porque necesita tiempo, espacio y soledad, para llevar a cabo un rito de purificación y llegar en el mejor estado de paz y tranquilidad posible. Este rito después lo enseñará a sus discípulos pero por ahora, es pertinente que sólo él lo lleve a cabo, ya que es una imperiosa necesidad que siente el Maestro de mantenerse aislado cuando menos durante 24 horas.

Al estar en lo alto de la colina, Confucio llega hasta donde hay una pequeña cascada y se despoja de sus ropas para darse un baño que es el inicio de la purificación, la del cuerpo. Aunque el agua está muy fría, el control de su mente y materia es tan grande que le permite bloquear el intenso frío e incluso sentir un calor corporal lejos del que priva en el medio ambiente. Tres horas son necesarias para que el sabio sienta que su cuerpo está totalmente limpio, por lo que toma su ropa, cubre de nuevo su cuerpo y lo que sigue ahora son cuando menos veinte horas de meditación profunda.

Desde luego que al llegar a la cima de la colina empieza un ayuno de 24 horas para darle también limpieza a sus órganos internos. No puede haber purificación total cuando en el interior del cuerpo hay enfermedades o deficiencias orgánicas.

Una vez en posición de loto, Confucio inicia su largo lapso de meditación, mediante la cual hace un recorrido por su vida. Llegan recuerdos desde que él tienen tres años, cuando siente el amor y el cariño materno; el alejamiento de su padre, sobre todo cuando él muere, cambiándoles la vida a madre e hijo pero también fortaleciéndolos al tener que enfrentar la vida con muchas carencias pero siempre ligados en el amor entre ellos y hacia los demás.

También recuerda y ubica en el tiempo, cuando a sus diez años siente un enorme impulso e inclinación por leer los libros antiguos y acceder al conocimiento de los grandes maestro e iluminados. Evoca la edad cuando ingresa al colegio de los nobles, otra actividad que le transforma y forma en lo que actualmente se ha convertido, en un sabio y filósofo, aunque él sabe que apenas está en el inicio de su aprendizaje y que ni tres vidas le bastarán para alcanzar el verdadero grado de Maestro, ese al que en su momento llegan seres especiales como Pitágoras (su contemporáneo griego) y Jesús, quién nacerá quinientos años después que él.

También medita sobre los consejos que da a sus discípulos y en general a toda la gente que se acerca a él para recibir algún tipo de apoyo. Siente satisfacción por los buenos resultados pero de ninguna manera se sabe completo; siente el ímpetu y la fuerza de que sus palabras y sobre todo sus conceptos sean escuchados por sus contemporáneos y humanos del futuro; que lejos de la mística y de las creencias religiosas, él propone una filosofía práctica, un sistema de pensamiento orientado hacia la vida y destinado al perfeccionamiento de cada uno de los seres humanos.

El objetivo no es la «salvación del alma» después de la muerte sino la sabiduría y el autoconocimiento en vida, ya que esto último tiene como consecuencia lo primero. Lejos de la mística y las creencias religiosas, la enseñanza que ha seguido Confucio es una filosofía práctica, un sistema de pensamiento orientado hacia la vida y destinado al perfeccionamiento de uno mismo.

En su mente se está formando integralmente un sistema ético (más que religioso), filosófico, teórico y social. Él respeta cuán más a las divinidades y sabe que el conocimiento tiene un principio celestial, solamente que hay que prepararse para recoger todo ese conocimiento y aplicarlo en la vida común, con los humanos mortales y llenos de defectos, pero que tienen la enorme cualidad de ser perfectibles. También comprende que, a pesar de los conceptos anteriores, el ser humano es perfecto, porque puede perfeccionarse a través de corregir sus errores, de no repetirlos y si lo hace, de no caer en ellos una vez más.

Mientras pasa el tiempo en la meditación, Confucio decide además, predicar y difundir con mayor énfasis y entusiasmo, el retorno a las costumbres antiguas para evitar la decadencia de la civilización china. Quiere, desea y hará todo lo posible para que vuelva a estar presente en China el reino de "La Gran Armonía".

El Maestro de Lu sabe que tiene el deber de compilar y editar las doctrinas de los antiguos sabios, y aunque él no lo sabe, estos libros llegarán a ser los clásicos del confucianismo, de su doctrina; en los que concebirá toda la vida china según una moral patriarcal del clan, y esto significará un apoyo para el régimen imperial y con el paso de los años y siglos, Confucio será objeto de culto cívico.

Transcurren veinte horas desde que el Maestro subió a la colina, y una vez concluida la meditación, se dispone a tomar otro baño de dos horas y terminar con el *Kiao*, como cuando empezó su aislamiento, para estar totalmente puro y entonces sí, poder llegar inmaculado, junto con sus dos estudiantes, hasta el *Ming tang* o "vestíbulo de la luz", una enorme y bellamente decorada sala donde los súbditos solicitan que sus demandas sean atendidas por el soberano.

Choque de filosofías

Lo extraordinario que le acontece a Confucio en Loyi no es estar en el palacio real sino el encuentro con otro de los sabios que vivió en China hace 25 siglos, **Lao-Tsé**, quien ya es un anciano y uno de los más grandes sabios y pensadores no sólo de su tiempo sino de la actualidad.

El sabio de Lu no desaprovecha la oportunidad y después de mostrarle sus respetos a Lao-Tsé, empieza de inmediato a interrogarlo, al igual que hacen sus alumnos con Confucio.

—Maestro Lao Tsé, llevo mucho tiempo buscando una doctrina que permita mejorar la suerte de los humanos, incluso a través de alguna instrucción que facilite su transformación, ¿qué opina de esto?

El anciano escucha y observa detenidamente a Confucio y después de meditar la pregunta, responde tranquilamente:

—¿Es posible que los animales que comen hierbas traten de que ésta mejore? ¿Los peces pueden modificar el agua? Lo que tú pretendes es demasiado grande y descomunal.

—Me molesta ver sufrir a los humanos y no poder brindarles una mayor felicidad de la que ellos pueden conseguir generalmente, responde Confucio con firmeza.

El Maestro Lao-Tsé no puede menos que sonreír, tal vez recordando que él mismo se hizo este propósito en su lejana juventud, por lo que insiste:

—Si los humanos dejan de verse heridos por la tristeza, la falta de consuelo e insatisfacción serían iguales al Universo y se derrumbaría la barrera entre la dicha y la fatalidad; en el preciso instante en que los humanos comprendan que su condición mejor es parecerse lo más posible a las otras criaturas vivientes, es entonces cuando alcanzarán la felicidad y jamás la perderán porque podrán transformarse.

Como hombre inquieto y conocedor de la sabiduría antigua, Confucio está lejos de sentir satisfacción por la respuesta e insiste:

—Puedo entender con tu respuesta Maestro, qué pretendes unir el Cielo y la Tierra, pero entonces, ¿qué significado das a la palabra, cuando es el mejor medio para cambiar el espíritu al sernos transmitida por los sabios de la antigüedad?

La respuesta a este nuevo cuestionamiento no deja lugar a dudas, a menos para el sabio Lao-Tsé.

—Al hablar de los humanos debemos tomar en cuenta que su destino es ver su carne y huesos reducidos a polvo; sin embargo, sus palabras, ideas y pensamientos serán transmitidas de generación en generación en tanto existan en la tierra los humanos como raza. Sin olvidar a las palabras, es suficiente con actuar para que el verdadero conocimiento y saber se muestren por sí mismos, ya que al permitir que las cosas permanezcan siempre iguales lo que logramos con eso es que no cambien realmente.

El anciano toma una pausa para respirar y observar el rostro de Confucio, quien permanece inexpresivo, tratando de asimilar y comprender lo que está escuchando, por lo que Lao-Tsé prosigue en su respuesta:

—Toma en cuenta que la Luna y el Sol brillan con luz propia y aún así, ¿quieres cambiarlos?. La cigüeña es blanca sin la necesidad de bañarse, al igual que el cuervo es negro sin que requiera de tinte. ¿Qué moverá a los humanos al estudio y a la invención para cambiar? ¿qué provecho sacarán con ello? Será lo mismo que intentar golpear un tambor para devolver a la vida a un carnero muerto. ¿Puedes decirme qué tradiciones has estudiado que te hacen hablar con tanta autoridad?

Muy optimista, Confucio responde con seguridad:

—He leído y aprendido del libro "El Lazo de las Mutaciones", el *I Tsing* y otras obras de más sabios que han escrito en la antigüedad.

—Que hayan sido escritas hace muchos años no les otorga un valor estimable, ¿cuáles son los principios básicos que has extraído de ellas?

—Los de la equidad y reciprocidad, dos admirables columnas para el soporte de la humanidad.

Sin embargo, Lao-Tsé no está impresionado con Confucio a quien replica:

—Esto que has dicho es una verdad pero parcial. Esos principios no son tan esenciales, comprende que al igual que los mosquitos atormentan en las noches, equidad y reciprocidad solamente atormentan los corazones de los humanos porque deforman la conducta de los pueblos y nunca evitan su desgracia, por lo tanto, ¿puedes decirme si tienes una doctrina tuya?

Confucio está ya perturbado pero no ha perdido la confianza en sí y responde:

—Busco la que mejor convenga a mis hermanos de raza desde hace veintisiete años, sin embargo, todavía no la encuentro.

—En ese caso,–aconseja el anciano sabio– te diré de cuatro acciones que deben evitarse a toda costa por todos los humanos:

UNA. No permitir ser despojado de lo que se posee, ya que esto es llevado a cabo por los nobles y gobernantes.

DOS. La obligación de vivir en la preocupación, ya que los humanos se dejan arrastrar por ella porque en su familia les han enseñado a la resignación.

TRES. Exigencia de acusar a los demás y pelear hasta por lo que no se posee. Éste es un juego que todos practican hasta la obsesión, es la doctrina de la fraternidad y,

CUATRO. Dicen que se debe trabajar sin beneficio para comunicar una educación inútil. Lamentablemente, de esta reglas nadie puede escapar ni existen otras diferentes.

Desde luego, Confucio no está de acuerdo en todo lo que ha escuchado y se defiende diciendo:

—Los sabios han creado doctrinas que sirven a los pueblos, tú eres uno de ellos.

—Cuando un sabio alcanza el don de transmitir sus conocimientos, triunfa entre el pueblo, pero si su hora aún no ha llegado, su influencia es vana. Lo mismo acontece con el grano; por muy bueno que sea si no germina permanece oculto en la tierra y ésta aparece desnuda.

No dando tiempo a más preguntas, Lao-Tsé termina el diálogo con Confucio comentándole:

—Los ricos tienen la costumbre de ofrecer valiosos regalos a sus visitas al momento de despedirse y los científicos expresan admirables frases. Sin embargo, no soy rico, poderoso ni hombre de ciencia, pero siento la necesidad de hacer algo por ti. Te diré que los hombres inteligentes que han adquirido una profunda visión de la existencia critican todo cuando están en sus últimos días de vida, por lo que es poco lo que se gana cuando los demás lo consideran a uno sabio. Incluso, hasta los ministros tienen mucho que perder. (Gráfica 8)

Y haciendo una reverencia a Confucio, el Maestro y Sabio Lao-Tsé se retira dejando a su interlocutor sumido en una profunda crisis existencial.

Es tal el impacto de este encuentro con Lao-Tsé, que Confucio decide regresar a la cima que le sirvió para purificarse y meditar durante tres días más, tiempo en el cual no menciona una palabra, ni siquiera a él mismo. Necesita el más absoluto silencio y el no contacto con otro humano para entender, en toda su profundidad, lo que el anciano le dijo en ese memorable encuentro entre dos sabios que miran la vida en forma distinta pero complementaria.

Al cuarto día, Confucio baja de la colina hasta donde sus dos discípulos lo esperan para conocer de viva voz de su Maestro, la experiencia de haber leído en un libro abierto y vivo llamado Lao-Tsé.

(Gráfica 8). En la época de Han se talla este bajorrelieve del encuentro entre Confucio y Lao-Tsé.

Él les comenta: "Hablé con un hombre que lanza sus pensamientos a una tremenda velocidad, por lo que yo prefiero dejar que se escuchen los míos uno tras otro, pausadamente. Mi intención es que transiten por un camino, de la misma forma que actúan los sabuesos que nunca pierden a sus presas. Él tiene ideas misteriosas e inalcanzables y las mías me importa que sean atrapadas al extremo de un hilo sin que se pierdan.

"Descubrí que las aves vuelan, que los peces nadan y que las bestia caminan, pero todos ellos pueden ser cazados y reducidos con flechas, sedal y freno; pero no acontece lo mismo con el dragón, al cual no puedo detenerlo porque ignoro cómo hacerlo. Este animal tiene la facultad de elevarse muy alto para que los vientos más fuertes no lo dañen".

Confucio respira profundamente y prosigue: "Hace tres días estuve con el Maestro y Sabio Lao-Tsé y ahora comprendo que tuve delante de mí un dragón (entendido éste como un poder superior y divino), ya que en tanto lo escuchaba, mi boca no pudo ser cerrada y casi dejé de respirar porque mi aturdido espíritu palpitaba sin encontrar forma de tranquilizarse. Por esto necesité de aislarme del mundo, de los humanos, para poder hallar el justo medio, no sé aún si lo he logrado pero mi corazón palpita ya tranquilo". Concluye al mismo tiempo en que indica a sus dos acompañantes que es tiempo de regresar a Lu.

7

Gobernatura de Confucio

n el año 509 antes de nuestra era, fallece el duque de Chao y lo que puede ser un conflicto familiar por la sucesión, se torna en una unión pocas veces vista; incluso se nombra como sucesor al duque de Ting y todo parece estar en paz, pero la realidad es que nunca faltan los inconformes ya que meses después empiezan las rebeliones, ataques y enfrentamientos entre soldados de las tres familias gobernantes que traen aparejados la pérdida de cosechas, ganado y cambio de dueños de tierras en cada nuevo enfrentamiento. Estas batallas les llevan casi diez años.

Durante ese tiempo Kung-fu-Tze trata de lograr la paz, pero la guerra no tiene para cuando terminar. Es entonces que, en un movimiento un tanto incierto, el monarca duque de Ting logra que Confucio acepte el cargo de gobernador de Chong-tu. En esa época, el Maestro ya tiene cincuenta años, lo que en China significa la edad de la progenitura, la categoría de *Ai*, es decir, la de veterano.

No está claro por qué el sabio de Lu acepta el cargo; será porque está impaciente por poner en práctica todos sus conocimientos y filosofía acerca de como gobernar, de retomar la antigua sabiduría de los reyes chinos y aplicarlos en esta población de Chong-tu. Sin duda es toda una experiencia, ya que no es igual criticar, educar y enseñar a los gobernantes que ser uno de ellos. Éstas pueden ser las razones para ser gobernador, indudablemente que habrá otras pero éstas parecen ser las más fuertes.

Confucio empieza a gobernar y tiene mucho cuidado en cada una de sus acciones. Principia por los niños y jóvenes, porque todos tengan acceso a un mínimo de educación escolar; que ancianos y muchachos sean alimentados de acuerdo con su edad; no permite que obreros y esclavos carguen mayor peso que el establecido en un reglamento; modifica los rituales funerarios, aunque insiste en prohibir que sean levantados túmulos sobre las tumbas (como él lo hizo con las de sus padres y que "la voluntad divina" se encargó de tirar), ni siquiera colocar plantas o árboles sobre las lápidas; también establece dentro de las leyes civiles que quien encuentre objetos en las calles, las devuelva a sus dueños; y lleva a cabo la práctica de una de las acciones que en la época actual es tachada de machista y sexista, ya que establece la distancia que deben mantener las mujeres y hombres cuando caminan por las calles, y como ésta es una costumbre muy antigua, su no acatamiento está sujeto a fuertes penalidades.

Sin embargo, la gente del poblado de Chong-tu está de acuerdo con todas estas leyes y reglamentos. Así transcurre un año de gobierno de Confucio, cuando éste recibe la visita del monarca y duque de Ting, quien no oculta su asombro y admiración con lo logrado por el Maestro Kungfu-Tze, ahora la gente es feliz, amable, agradecida con su gobernante y en plena prosperidad, por lo que el duque le hace la siguiente proposición:

—Compruebo con mucha alegría que tu sistema y forma de gobernar tienen la aceptación del poblado de Chongtu. ¿Tú crees en la posibilidad de tener el mismo excelente resultado si lo aplicamos en todo el país?

La respuesta sólo puede ser una: Sí.

Pensando y actuando, el duque de Ting nombra a Confucio intendente de Obras Públicas; y algunos meses después ya es Ministro de Justicia, cargo que lo hace muy feliz y que no le impide continuar impartiendo clases en la Gran Escuela y es precisamente uno de los estudiantes quien le reclama:

—Maestro, siempre has dicho y sostenido que el hombre puro no se estremece cuando se encuentra en desgracia, ni muestra alegría cuando le sucede algo dichoso. Entonces, no entiendo tu actitud, ¿qué te lleva a mostrarte satisfecho por el honor que se te ha otorgado?

—Tienes toda la razón, pero también debes recordar que nuestra doctrina pretende servir a los demás y ahora que tengo esta oportunidad puedo hacerlo con mayor facilidad y justicia.

Sin embargo, otro de sus discípulos toma la palabra y hace el siguiente cuestionamiento:

—Maestro, la virtud es sin duda una fuerza poderosa, pero mire alrededor, estamos en tiempos traicioneros, por lo que el cambio no se dará solamente por lo que usted pregone y aunque suenen alegres al oído, sus pretensiones son demasiado altas, ya que hacen falta ejércitos y riqueza para lograr los cambios que queremos, por lo que pienso que primero debemos obtener el poder para tener el respeto de la gente y entonces sí, enseñar el camino de la virtud, ¿está usted de acuerdo conmigo?

Por lo fuerte del comentario, Confucio permite que los alumnos mediten qué piensan de esto y por los movimientos de sus cabezas, están de acuerdo con lo expresado por su compañero. Después de varios segundos de silencio, el Maestro expresa su pensamiento cuidando cada una de las palabras que dice:

—Lo primero que se debe adquirir como ser humano y dentro del alma es la virtud, porque es entonces cuando se tendrá el verdadero poder...

Pero es interrumpido por el mismo impetuoso estudiante.

—Pero Maestro, usted no comprende, si no adquirimos primero el poder nunca cambiaremos al mundo. Mire a los nobles, ellos hacen lo que quieren porque tienen el poder y sin él no podemos ayudar a los aldeanos y campesinos humildes y pobres; sólo si tenemos el poder es como la vida vale la pena vivirse.

Kung-fu-Tzu cambia su semblante de complaciente a severo ya que sus palabras no han sido entendidas en toda su dimensión; primero porque no las han escuchado todas y segundo, por un pensamiento obstinado y terco en cuestiones materiales más que de virtudes y dice:

—Desde el emperador hasta la gente común, todos deben considerar primero el cultivar su propia personalidad como una raíz, ¡no puede ser que cuando la raíz está en desorden, en las ramas exista orden. Y escuchen muy bien esto: ¡sin la virtud, no sé cómo un hombre pueda vivir!

Pero sus alumnos no lo quieren dejar ir tan fácilmente, saben que cada una de las palabras del sabio son lecciones que entran por la mente y se clavan en el corazón, por lo que le preguntan.

—Maestro, ¿qué harás cuando tomes una decisión equivocada que afecte a una o varias personas?

Kung-fu-Tzu les pide a los estudiantes que lo sigan hasta el campo de entrenamiento de los arqueros y ahí toma un arco y varias flechas para hacer algunos tiros al blanco. Lo curioso es que hace sus tiros dando la espalda al blanco, los dos primeros los acierta exactamente en el centro pero el tercero, intencionalmente, hace que se clave en una de las orillas que ni siquiera está dentro de la pintura de los círculos; entonces voltea a ver a los discípulos y les dice:

—Cuando el arquero se equivoca en su objetivo y no acierta en el blanco, no culpa a nadie y además, asume la responsabilidad sobre sí mismo y de sus acciones.

Y sin dar tiempo a nuevos cuestionamientos, deja a los jóvenes solos para que cavilen y piensen sobre lo que acaban de ver y escuchar.

Un caso familiar

Uno de los muchos casos que atiende personalmente el Maestro Confucio como Ministro de Justicia, es el de un padre que acusa a su hijo de desobediencia y en un acto considerado como de insensatez, quedan arrestados los dos durante tres meses, tiempo en que el padre decide retirar el cargo y salen en libertad. Este caso causa revuelo entre la población y llega hasta los oídos del duque de Ting, quien de inmediato explota en cólera y exclama:

—El Maestro y Ministro de Justicia, Kung-fu-Tzu, me hace objeto de la burla de mis otros ministros. Él siempre ha dicho que en el reino y la familia lo más importante es el respeto filial. Por eso, hubiera sido fácil mandar un mensaje a la gente del pueblo ejecutando a ese hijo desobediente, ¿qué pasará ahora al dejarlo marchar tranquilamente a su casa?

Desde luego que algún amigo mutuo del duque y el Maestro le hace llegar estos reclamos del monarca a Confucio, y éste, después de escuchar atentamente, cierra los ojos, suspira profundamente y comenta:

—No está bien que los que están arriba se aparten del buen camino y maten a los súbditos. Seguirles proceso sin someterlos al debido respeto es matar inocentes. Si el ejército es derrotado, no por eso se va a ejecutar a los soldados sobrevivientes. No se pueden disponer los castigos antes de que estén reglamentados los derechos y las leyes. Cuando los que están arriba descuidan su obligación de instruir, entonces no es el pueblo el que tiene la culpa.

El sabio permite un breve silencio antes de continuar con su reflexión:

—Ser negligente en las disposiciones y diligente en los castigos es ser como los bandidos. Cobrar impuestos sin tener en cuenta la época, es precipitación; querer vivir terminadas las obras sin siquiera haberlas empezado antes, es crueldad; en el momento que se han evitado estas tres acciones, es cuando se tiene el derecho a echar mano de los castigos.

Y continúa el Maestro de Lu:

—En el "Libro de los Documentos" está escrito: "Has de castigar de acuerdo con la justicia; no puedes hacer nada por tu sola inclinación, siempre hay que pensar; acaso porque las personas no están advertidas todavía". Es decir; sólo cuando el pueblo ha sido instruido se puede castigar.

Otra nueva pausa para darse tiempo a la reflexión y continúa con su exposición el Maestro Kung-fu-Tzu.

—Lo primero es ofrecer la ley y la virtud a la mirada de la gente para estimularla, y si no resulta, se debe abandonar a los malos o atemorizarlos. Cuando se ha trabajado de esta manera por espacio de tres años, entonces se encuentra el pueblo en orden; y si todavía existen personas rebeldes que no se sometan a esta influencia, hay que tratarlos por medio de castigos y así, todo el mundo verá que son culpables. En el "Libro de los Cánticos" está escrito: "Ayudar al señor de la tierra, para que nuestro pueblo no se extravíe". Por lo tanto, se puede atemorizar por la severidad

(Gráfica 9). Si la familia es muy importante en la sociedad, lo es más la excelente relación de amor y comprensión entre padres e hijos.

sin ejercitarla realmente y se pueden disponer de castigos sin aplicarlos.

El Maestro de Lu, suspira nuevamente y continúa:

—Pero en nuestra época no ocurre así. Descuidamos la instrucción y acumulamos los castigos; esto es hacer que las personas se confundan, es prepararles trampas para después perseguirlas con medidas de violencia, por eso se acumulan cada vez más los castigos y sin embargo, nunca se acaba con los bandoleros.

Todo esto viene a propósito porque en el caso del encarcelamiento de padre e hijo, los tres meses que pasan en prisión sirve para reflexionar cómo el padre no ha enseñado al hijo a cuidar la tierra y cómo éste no se ha preocupado por acercarse a su padre y aprender por iniciativa propia. No fue un capricho ni una forma de quitarse un problema de la forma más fácil posible sino con un propósito bien definido. (Gráfica 9)

Este hecho ubica a Confucio en otra cualidad, tal vez la más importante para él, cuando uno de sus estudiantes más adelantados lo cuestiona al respecto del sendero de la virtud que tanto pregona.

—Maestro, ¿por qué es tan importante el estudio y cultivo de la virtud dentro de la mente? Algunos dicen que es suficiente guiarse por una vida de virtud y que tal vida es posible sin todo el estudio que usted recomienda insistentemente.

—¡Ah!, toda la vida es cuestión de lograr el equilibrio. Si una persona ama la bondad, pero no siente lo mismo por el estudio, su deficiencia será la ignorancia. Si ama la sabiduría pero no a las ideas sanas, sus deficiencias tendrán ideas extravagantes. Si ama la honestidad y no el estudio, sus deficiencias serán una tendencia a enojarse y echar a perder lo que está a su alrededor. Si ama la sencillez pero no el estudio, su deficiencia será seguir completamente una rutina. Si ama la valentía y no el estudio, sus deficiencias serán el desorden o la violencia. Si ama la decisión de carácter pero no el estudio, sus deficiencias serán la terquedad o la creencia obstinada en sí mismo.

Y como siguen las dudas en los estudiantes, Kung-fu-Tzu habla con sus discípulos acerca de los modales perfectos, por lo que es cuestionado por uno de ellos.

—Maestro, ¿cómo podemos disfrutar de la comida cuando tenemos que hacer todo según la reglas escritas de conducta? En la aldea de donde soy, los modales no son considerados importantes, nosotros comemos para disfrutar el alimento y no la consideramos una ceremonia fastuosa.

Confucio entiende estas aseveraciones como la broma que son pero que llevan implícitas cuestiones interesantes, por lo que sonríe y responde:

—¡Ah! ¡El poder de los modales y la ceremonia es tan poco entendida!. El poder educativo y transformador de los modales es muy sutil; frena la depravación antes de que tome forma; ocasiona que una persona tienda hacia lo bueno todos los días y lo guarde de la maldad sin que esté consciente de ello.

Es por estas enseñanzas que le queda claro, finalmente, al amigo mutuo de Kung-fu-Tzu y del duque de Ting el porqué encarceló a padre e hijo, ya que el padre no puede exigir que su hijo lo obedezca y ayude cuando no se ha preocupado de educarlo y enseñarle lo necesario; y además, de querer darle un castigo antes de que conozca siquiera las leyes y reglas de la casa donde vive.

Como ministro de paz

Kung-fu-Tzu no es el tipo de persona que habla y actúa diferente a lo que dice. Durante toda su vida ha aplicado sus enseñanzas y ahora, como importante miembro de la clase dominante, también ha hecho de la antigua sabiduría su arma para ser justo y equilibrado, tal y como lo han sido los monarcas antepasados que el ama y respeta.

Fantasma de la guerra

Es por esta razón que un día del año 499 antes de Cristo, al celebrarse una reunión de paz en Kia-Ku entre los gobernantes de Tsi y Lu, en la que Confucio será uno de los moderadores, sabe que no será una tarea fácil, ya que en cuanto empiezan los reclamos entre los representantes de esas dos ciudades, Yen-Ying hace un despliegue del ejército de Tsi, causando un gran estruendo y mucho temor entre la gente y sobre todo, inquietud entre los soldados del otro poblado.

Los príncipes negociantes se ponen de pie empuñando, sin desenfundar, sus filosas espadas. Un sólo movimiento en falso puede desencadenar una gran guerra de enormes pérdidas humanas y materiales, entonces es cuando Kung-fu-Tzu se para enfrente del ejército y desde ahí reclama fuerte y seguro a los saboteadores de la noble misión de paz en la que están implicados: (Gráfica 10)

"¡Nuestros príncipes están dispuestos a firmar la paz!, ¿cómo se atreven a interrumpirlos con estas manifestaciones tan bárbaras e insultantes? Alteran la voluntad que nos ha traído hasta aquí, que es un lugar sagrado para todos. ¿No se dan cuenta que desafían a los dioses tan sólo consiguiendo que aumenten nuestras desgracias?

Esta actitud valiente e inesperada del Maestro de Lu es suficiente para que el duque de Tsi ordene a su belicoso ejército comandado por Yen-Ying que se retire y guarde silencio en actitud de firmes; pero este siniestro ministro de guerra no quiere desaprovechar la oportunidad de burlarse de los asistentes y los provoca haciendo que payasos, enanos, bufones y vulgares cantantes interrumpan, una vez más, las pláticas de paz a la cual no quieren llegar los belicosos duque de Tsi y su comandante del ejército, y aunque Confucio es ministro de este gobierno, interviene nuevamente pero ahora con una firmeza y energía pocas veces vista en reunión alguna: ¿Cómo se atreven a envilecer de esta forma una conferencia de paz? ¡Detengan a toda esta

(Gráfica 10). Sólo la determinación y valentía de Kung-fu-Tzu evita una guerra de fatales consecuencias.

gentuza para que sean castigados según las leyes de nuestros dos reinos!

Estas dos valientes acciones del Maestro permiten que las pláticas de paz lleguen a buen término y el gobierno de Lu se comprometa a regresar trescientos carros de guerra a Tsi a cambio de la devolución de extensos territorios anexionados por la fuerza de las armas.

Así, el prestigio de Confucio aumenta día con día, porque evitó una guerra de muy lamentables consecuencias para todos los implicados, y porque demuestra que con la fuerza de la ley y la virtud se gana mucho más que con la de las armas y estrategias militares. Incluso, es considerado como un héroe pero es un título que no le gusta y que rechaza tajantemente. Lo que él demuestra es la práctica de la bondad de su enseñanza; sin embargo, se ha ganado a un enemigo poderoso dentro del reinado del duque de Tsi, al comandante Yen-Ying.

Confucio es una persona que hace lo que piensa y predica. El mejor ejemplo es la guerra que evita en la reunión pacificadora de Kia-Ku y para evitar otros posibles brotes de violencia por hacerse del poder cualquiera de las tres familias gobernantes, el Maestro y ahora ministro, deroga los pactos firmados con los Estados del Norte y con esto, ninguna familia tiene más poder que otra. Por supuesto que esto origina que tachen a Confucio de "neutro" como si ello fuera una desgracia, que no lo es, y así lo ven y manifiestan el príncipe de Tsi y el duque de Ki, quienes saben que ese término no es peyorativo o un insulto, sino todo un elogio a la política aplicada de Kung-fu-Tzu.

Otra cualidad y don más de Confucio que recorren toda China, lo describen como un hombre de paz y por tanto, un pacificador nato y sobre todo, efectivo. En su natal Lu logra que por primera vez en cientos de años, los gobernantes piensen primero y más en la población como un todo general, con muchas necesidades que atender y no dedicándose únicamente a gobernar para los mismos emperadores, reyes y miembros de la corte. Es más, la población de Lu recibe un mayor número de turistas y comerciantes que permite que la ciudad prospere fuerte y sostenidamente.

Kung-fu-Tzu está dedicado de lleno a la política exterior e interior, logrando firmar tratados internaciones, principalmente con naciones vecinas asegurando la paz durante varios años; y en lo interno, crea nuevos cargos ocupados por discípulos de él, cientos de jóvenes egresados de la Gran Escuela del confucianismo, hijos de nobles, comerciantes y de otras familias que, de alguna forma, no necesitan la presencia de sus hijos para labores del campo y otras actividades lucrativas. Con la enseñanza de Confucio sobre justicia, virtud y reparto equitativo de la riqueza, estos jóvenes son los mejores en cuanto a preparación escolar y ética, ya que saben escribir, leer y a interpretar las oscuras leyes de índole administrativa y social. En pocas palabras, no existe en toda China nadie mejor preparado que un estudiante y discípulo de Confucio.

Con esto, elimina de un solo golpe la corrupción de quienes ostentan cargos públicos y los heredan a sus hijos y parientes. Además, con esta acción, no causa problemas a quienes tienen muchos años de burócratas, ya que la idea de Confucio no es llevar a cabo cambios de raíz, sino de hacerlo paso a paso y con gente de su entera confianza. Desde luego, críticos de la obra del Maestro lo acusan de no querer desterrar la corrupción aunque le reconocen que se avanza considerablemente bien en cuanto al manejo de los asuntos gubernamentales.

La lujuria termina con la prosperidad de Lu

En cuestiones de política el mundo no ha progresado gran cosa desde que tiene sistemas de gobierno y Kung-fu-Tzu sufre, una vez más, de la intriga y maldad de Tsin, quien al ver y admirar la prosperidad de Lu en contra de la decadencia de su ciudad, decide hacer un "regalo muy especial" a la población de Confucio, de quien dice es "su amigo de toda la vida".

Este obsequio es la presencia en las afueras de la ciudad de Lu, de ochenta impresionantes mujeres, las más bellas jamás vistas, quienes además, cantan y bailan con una exquisitez que muchos de los prósperos hombres de Lu empiezan a pasar días enteros en las enormes carpas montadas para ese efecto. Como consecuencia de esto, los negocios, el campo y cualquier otra actividad lucrativa del poblado empiezan a tener pérdidas por el descuido y mala atención en la que han caído sus dueños.

Lo curioso es que las bailarinas y cantantes no tienen relaciones sexuales con nadie, ni con los más pobres que juntan el poco dinero que tienen para estar junto a ellas, ni con los más poderosos nobles y gobernantes. Es más, el duque de Ki queda tan impresionado que durante muchas semanas se dedica a tratar de conquistar a alguna de estas bellezas, pero ninguna le hace caso y únicamente lo hacen entrar en un juego de seducción para que continúe descuidando sus obligaciones de gobierno.

Todo un paquete para Confucio, quien sorprende con una respuesta que muy pocos esperan para resolver este gravísimo problema de lujuria y desgracia. Él dice que es necesario esperar hasta que llegue el invierno, cuando se lleve a cabo la fiesta-sacrificio del *Kiao* (Cielo), en la cual, se sacrifican muchos animales para quedar bien con los dioses y con los nobles, ya que el Cielo recibe este sacrificio y los nobles una parte importante de la carne utilizada para esta fiesta. Pero en esta ocasión no es así porque el gobernante príncipe Ki, por tener perdida la cabeza con las bailarinas, ni siquiera está presente en la más importante festividad de Lu.

Esta es una ofensa que Kung-fu-Tzu toma como personal, ya que con este imperdonable descuido del príncipe quedan rotos cientos de años de más o menos pacíficas relaciones entre los gobernantes y la gente del pueblo; y lo peor, las ofensas hechas a la madre tierra y a la memoria de los antepasados, por lo que es destruida la doctrina política y social de Weng Wang y esto ya es el colmo. Confucio no tiene más opción que, dignamente, marchase de su natal Lu sintiendo un profundo dolor en el corazón y en el alma. Es más, se va sin tan siquiera cambiarse de ropa y recoger sus efectos personales de su casa, y lo hace inmediatamente después de salir del palacio del duque de Ki a quien no puede reclamarle su desdichado proceder porque ni siquiera está en donde debe gobernar para todos.

Muchos de sus discípulos tratan de convencerlo de que no abandone Lu; que la gente común lo necesita, pero no hay llanto ni razones lo suficientemente poderosas como para que Kung-fu-Tzu cambie de decisión y antes de partir, entona una breve canción para demostrar su pesar y dolor.

¡Oh, el engañoso canto de esas mujeres
que me han arrojado de mi ciudad!
¡Oh, la aparición de esas mujeres
que han provocado la ruina y la muerte!
¡Oh, dolor! ¡Ahora me toca peregrinar
hasta el final de mi vida!

8

Trece largos años viajando, aprendiendo y enseñando

los cincuenta y seis años (496 a. C.), Confucio está fuerte físicamente pero aún sangrando moralmente de la herida producida por la necesidad de alejarse de su querida tierra Lu. En este largo viaje en tiempo y distancia, es acompañado por una veintena de sus discípulos más destacados, dispuestos a correr la misma aventura que su Maestro y que además, servirá para conocer la esencia extremosa humana, con sus errores-aciertos, divina-demoniaca, justa-abusiva, humilde-soberbia, culta-ignorante, rica-pobre, espiritual-material, virtuosa-desdichada, abundante-escasa, feliz-desgraciada, violenta-pacífica, compartida-solitaria, antigua-moderna, religiosa-atea, confiada-temerosa y un largo etcétera.

La labor de Confucio y sus discípulos es la de lograr precisamente, el punto medio, el equilibrio en la vida, sin importar las condiciones en las que se encuentren las personas. Intuyendo el sabio Kung-fu-Tzu que su peregrinaje será de muchos años, su paso es sumamente lento, como no queriendo alejarse de su amada Lu o de que alguien lo alcance y le pida que regrese. Pero no sucede esto último y el camino empezado será de muchos kilómetros antes de poder decidir regresar a Lu.

En Wei

Atendiendo una invitación del suegro de uno de sus discípulos, Confucio y sus seguidores llegan hasta el Estado de Wei, a la ciudad de Y primera escala en su recorrido. Grande es su sorpresa al ver con qué cariño los recibe la gente, sin duda, les brindan esta calurosa bienvenida porque conocen la fama del Maestro de Lu y de cómo ha logrado importantes progresos para las personas comunes a través de sus diferentes cargos en la administración pública. Tan es así, que varios funcionarios solicitan a Confucio que los inicie en su doctrina, seguros de que lograrán superarse individualmente y como personajes públicos que son.

Pero lo que menos desea Kung-fu-Tzu en ese momento es atender a funcionarios públicos, por lo que, con la más elemental cortesía, les dice que la mejor forma de aprender y aplicar sus ideas en cuanto a formas de gobierno, está basada en las enseñanzas de Weng-Wang; es decir, lo mejor es utilizar la rectitud en todas las acciones de la vida, pública o privada y así, los gobernantes serán justos y queridos por el pueblo.

El estar en otra ciudad es gratificante para el Maestro, incluso, hasta sonríe a toda la gente que le hace reverencias en señal de respeto y admiración cuando camina lentamente por las calles. Pero esta actitud contrasta con el ceño adusto y hasta sombrío de sus discípulos, por lo que hace un alto en su recorrido y les comenta: "Me doy cuenta que tienen aún una expresión de tristeza cuando yo ya he recuperado la sonrisa, por lo que les pido que me contesten: ¿Tanto lamentan que yo no haya conservado mis cargos y obligaciones como servidor público? Si es así, deben saber y aceptar totalmente que desde hace mucho tiempo el mundo sigue su marcha alocadamente, por lo que los dioses me utilizan como badajo de campana cuyo sonido advierte al pueblo de las amenazas y peligros que les aguardan".

Como personaje público conocido y reconocido, Confucio es requerido casi de inmediato por el duque de Wei, quien lo recibe como a un príncipe para convencerlo de que abra una escuela para hijos de nobles y de que el gobernador le duplicará los ingresos que recibe en una especie de jubilación temprana; y como la enseñanza es una de las actividades que más llena de satisfacción al sabio, éste acepta y nuevamente divulga sus conocimientos, ideas y pensamientos entre los hijos de los nobles, les habla de justicia, verdad, virtud, tolerancia y sabiduría de los antepasados.

Cabe aclarar en este punto, que para que sabios y maestros como Confucio y sus alumnos puedan vivir decorosamente, dado que no producen ningún artículo material ni poseen casas o terrenos de cuyas rentas puedan sobrevivir dignamente, es costumbre y ley que los gobernantes y letrados reciban una generosa pensión por parte de los Estados donde residen. Para compensar este subsidio, ellos se obligan a llevar a cabo algunas tareas administrativas o de escolaridad y en muy contadas ocasiones se da el caso de que un gobernante se niegue a cumplir con esta obligación legal y moral, y al Maestro Confucio sí le ocurre, cuando menos, una vez en su vida. (Gráfica 11)

Es tal el impacto en los nuevos alumnos por la sabiduría de Confucio, que muy pronto se hace de enemigos gratuitos, los denominados *Tai-fu*, quienes no están de acuerdo con las "nefastas" ideas de él en cuanto a que debe haber equilibrio y justicia entre débiles y poderosos económicamente; de que la justicia debe ser para todos y que la riqueza se debe dar desde abajo hasta arriba en las clases sociales, por mencionar tan sólo las que más llaman la atención.

Al año justo de haber llegado a Wei, Kung-fu-Tzu tiene más de mil alumnos, y se ha ganado ya el respeto total de la gente humilde del pueblo pero no ha logrado evitar que lo vigilen día y noche los emisarios de sus enemigos. Se queja con el duque quien le asigna un grupo de guardias para que lo cuiden todo el tiempo, pero la amenaza de los *Tai-fu* está latente y cada vez más abierta, por lo que Confu-

(Gráfica 11). Apertura de otra Gran Escuela en el poblado de Wei en la cual abunda conocimiento, sabiduría, cordialidad y mucha música.

cio decide partir de Wei. Nuevamente su corazón sufre porque tiene que alejarse de lo que ama, ya que él no es hombre de pelea física, con armas, sino de ideas y con las armas de la razón y la justicia.

Antes de partir de Wei, Confucio pasa por un episodio (entre otros que se comentarán líneas abajo), parecido al que vive Jesús cuando le es presentada una prostituta para que él decida qué hacer con ella, apedrearla como manda la ley o perdonarla contraviniendo todo ordenamiento legal. Pues bien, el Maestro de Lu es requerido por una bellísima y libertina princesa de nombre Nan-tse, a quien el juicio popular la acusa de incestuosa por sostener amores prohibidos con su hermano mayor, pero como es la concubina favorita del duque Ling, no hay alma que se atreva a contradecirla en sus caprichos y mucho menos a enfrentarla cara a cara, bajo la pena de sufrir los ataques de su poderoso amante.

Nan-tse conoce la fama de sabio y justo de Confucio, y en un momento de soberbia, solicita su presencia al enviarle una nota: "Todos los sabios que mantienen tratos con nuestro duque tienen la costumbre de hacerme una visita de cortesía. Estoy segura de que tú, quien respeta las leyes y tradiciones por sobre todas las actividades, no romperás ésta al negarte a hablar con una humilde princesa que desea conocerte".

El problema que enfrenta Confucio con esta invitación es puramente ético, ya que si acepta, tendrá que hablar con una gran pecadora e incestuosa mujer, y si no lo hace, entonces enfrentará furia, ejército y armas del duque, por lo que, balanceando las pocas opciones que tiene, decide hablar con la princesa tomando en cuenta que si ella le habla de costumbres, él recurre a una tradición en la que un desconocido no puede hablar directamente con una doncella.

Al llegar a la mansión de la princesa, Confucio solicita que se ponga una cortina de seda en medio de ellos, ya que "no soy digno de hablar directamente con la hija de reyes, yo, que soy un simple vasallo y humilde servidor no merezco tal honor y por lo tanto, apegándome a la costumbre ancestral, solicito humildemente esa cortina para no ofender a nuestros antepasados". Y así lo hace, incluso nunca está de frente a la princesa, quien hace todo lo posible por llamar la atención del sabio, ya que éste siempre mira al sur, exactamente al lado contrario de donde se encuentra la señora y no hay poder humano que lo haga cambiar de actitud.

Pero no termina ahí la penalidad de Kung-fu-Tzu sino que uno de sus discípulos más queridos le reprocha las visitas, ya que éstas se repiten en tres ocasiones más.

—Maestro, ¡estoy sumamente asombrado y alertado! ¿Cómo ha sido posible que te hayas rebajado hasta el punto de conceder varios encuentros con una mujer como Nantse, que está llena de tan mala reputación? ¿Qué ganas tú con eso?

Y en un arranque francamente de ira, de los escasos que tiene en su vida, Confucio clama en voz fuerte, no sólo para que lo escuche su interrogante discípulo, sino todos los demás que están junto a ellos:

—¡Si he actuado con torpeza ante esta mujer, que los dioses me repudien y reclamen!

Todos los presentes comprenden el tremendo malestar del Maestro por esas visitas y deciden no volver a mencionar el caso en el futuro.

Pero el destino decide hacerle pasar una mala jugada a Confucio cuando el duque lo invita a pasear por la ciudad. En el primer carro van el duque y la princesa Nan-tse, y en el segundo, el Maestro de Lu. En cuanto inicia el recorrido y al gente del pueblo ve a los personajes de los carros, inmediatamente empiezan a gritar: "¡La virtud corre a toda prisa detrás de la belleza! desde luego que esto desagrada a Kung-fu-Tzu pero lo toma con resignación y filosofía, por lo que comenta más para él que para sus acompañantes: "Nunca me he tropezado con un humano que se atreva a reconocer que ama más la virtud que el lujo".

Y para escapar de esta situación que puede empeorar, Confucio decide, por fin, salir de Wei, aduciendo que tiene un compromiso ineludible en Chen y que por eso es indispensable partir de inmediato. Aunque no se sabe para qué, Kung-fu-Tzu regresa en varias ocasiones a Wei, seguramente ahí se encuentra más a gusto, después de su añorada Lu.

En Koang

La ciudad de Koang es un caso especial, ya que está cerca de unas murallas que protegen a muchas ciudades, entre las que se encuentra ésta. Al llegar a la puerta de esa muralla, alguien comenta que tenía poco tiempo de haber cruzado el portal, por lo que pone en alerta a los guardias custodios y detienen al Maestro y a sus discípulos, ya que hace unos días Koang fue saqueada por peligrosos delincuentes y el temor hace que los guardias confundan al grupo de Confucio con el de los malhechores de Yang Hu, cre-yéndolos disfrazados para volver a atacarlos.

El alboroto despierta a todo el pueblo y como una in-formación que se deforma al ser transmitida de persona a persona, muchos de los pobladores de Koang toman cuchi-llos y espadas para enfrentar al "enemigo". Por su parte, Confucio y sus discípulos optan por no hacer ningún mo-vimiento brusco o sospechoso para evitar que esto desate un ataque de fatales consecuencias para los pacifistas re-cién llegados.

Tranquilamente, Kung-fu-Tzu toma su laúd y empieza a tocar melodías sumamente dulces, para apaciguar los ánimos de los guardias y de la gente del pueblo que empie-za a acercarse peligrosa y amenazadoramente; pero lo que más preocupa al Maestro es la intranquilidad de sus discí-pulos, ya que algunos de ellos portan algunos cuchillos que les sirven para cortar ramas y otras hierbas del camino y para calmarlos les dice: "Asumo la doctrina del rey Wen ya que creo en ella y porque él mismo me la legó antes de morir. El cielo no me hubiera concedido el honor de ser portador de tan noble destino para terminar con mi vida antes de tiempo".

El siguiente, es un pasaje que en mucho recuerda al del Monte de los Olivos en los momentos en que los soldados romanos intentan aprehender a Jesús y Pedro desenvaina su espada para herir a uno de los guardias. Uno de los dis-cípulos de Confucio, al ver que un soldado se acerca peli-grosamente a su Maestro, toma su enorme cuchillo y con toda la intención de evitarle el daño, llega hasta donde el soldado e intenta atacarlo, pero Kung-fu-Tzu le detiene la mano en lo alto y molesto le recrimina a su acompañante:

— ¿Cómo es posible que un hombre que enseña el amor y la virtud pueda comportarse igual que sus enemigos? Si mis enseñanzas fueran distintas al amor, la virtud, la justi-cia y la enseñanza de los antiguos y sagrados ritos, y a la música, en este momento sería merecedor de la amenaza de la gente de esta ciudad; pero no es así, yo difundo la sabiduría de los viejos y sabios reyes, y el respeto por las tradiciones y esto es inofensivo para todos. De caer en desgracia tengo que reprochárselo al destino, por lo tanto, amado discípulo, te pido que cantes y yo te acompañaré tocando el laúd.

En verdad este pasaje en la vida de Confucio está lleno de amor por sus amigos y enemigos, y lo último en lo que quiere pensar es en hacer daño a sus semejantes. Afortunadamente con la música y el canto los ánimos se calman y todos empiezan a reconocer las grandes cualidades humanas del Maestro, por lo que deponen las armas y confían en la buena fe del sabio.

En ese momento, aparece un discípulo de Kung-fu-Tzu que vive en Koang y contrario a lo que pueda pensarse, es el Maestro quien pregunta asombrado al ver el rostro desencajado por el temor de su amigo y alumno:

—¡Llegué a sentir temor porque te hubieran dado muerte!

Y con mucho afecto y amor, el joven responde con una gran seguridad:

—¡Eso nunca, Maestro! ¿cómo voy a atreverme a morir estando tú vivo y aquí?

Y con un fuerte abrazo se funden Maestro y alumno dando por terminado este episodio que pudo tener consecuencias fatales para Confucio y para la filosofía de la no violencia, que será retomada muchos siglos después, en pleno siglo XX principalmente por Mahatma Gandhi y Martin Luther King.

Casi muere en Sung

Al llegar a esta población Confucio y sus discípulos, lo primero que observan es la construcción de un grandísimo mausoleo para el mariscal Huan Tui, quien es uno de los militares más poderosos y también uno de los más engreídos y déspotas que han existido en China.

La construcción lleva ya más de tres años y los constructores no han avanzado ni la mitad del proyecto, ya que por el maltrato de los capataces y la pésima alimentación, los albañiles enferman constantemente y la obra se ve suspendida por cortos y mediados periodos de tiempo.

Es tan lamentable el estado de los albañiles, que Confucio no puede contener una exclamación de protesta:

—El hombre que permite que se cometan estas injusticias debe pudrirse desde antes de morir.

Comenta un discípulo del Maestro:

—Generalmente, en los países que conozco, se construyen los sepulcros después de que la muerte visita alguna casa, por lo que no entiendo ¿qué razón existe para construir un sepulcro como éste de Sung para un hombre cruel que aún está vivo?

Y complementa Kung-fu-Tzu.

—Cuando se produce la muerte, los familiares deciden el templo funerario en el que habrán de quedar los restos del difunto, después determinan el día del entierro y finalmente, preparan la tumba. Por lo que cambiar la tradición a la que siempre debemos respeto, es una clara muestra de soberbia que manifiesta la maldad del responsable.

Confucio está sumamente molesto al observar tanta injusticia por lo que, para afirmar su pensamiento anterior en un concepto que abarca a toda la humanidad de todos los tiempos, él dice: *A pesar de que la naturaleza de los humanos se encuentre muy próxima hasta igualarlos, lo que cada uno aprende aparta a unos de otros. Es decir, la enseñanza es básica para crear excelentes seres humanos, así como la educación que se recibe en la familia y en los centros educativos.* (Estos conceptos son tan modernos que muy bien pueden haber sido dichos por el Secretario General de la Organización de las Naciones Unidas en turno, en el inicio del siglo XXI).

Transcurren algunos días en Sung en los que el Maestro y acompañantes adquieren comestibles y otros utensilios para continuar su viaje. Todo parece normal y tranquilo por lo que salen de la ciudad con la calma que los caracteriza, sin imaginar que el peligro está latente sobre ellos y principalmente sobre Confucio.

En Tsao

El siguiente poblado en el que se detienen los viajeros es Tsao, mismo lugar al que se adelanta el militar Huan Tui para tomar venganza por los comentarios en su contra por la construcción de su gran mausoleo estando él aún con vida e ir contra corriente con las antiguas costumbres. Tui los sigue sin que nadie lo descubra y mientras los viajeros descansan en la ribera de un río y toman un baño, el malvado soldado aserra un árbol con mucho cuidado, procurando no hacer ruido alguno. Sabe de la rutina del Maestro en cuanto a buscar momentos de soledad para meditar y reparar fuerzas.

Al aproximarse el Maestro Confucio al árbol cerruchado, atrás está escondido Haun Tui, y cuando ya está muy cerca de él, el malvado lo empuja con toda su fuerza para que caiga sobre el indefenso y sorprendido sabio. Con lo que no cuenta el vulgar militar es con el tremendo ruido que hace el árbol antes de caer pesadamente y las ramas al romperse, lo que provoca que los discípulos reaccionen. Eso y las últimas astillas que tardan en desprenderse sosteniendo al árbol, permiten que el Maestro salve la vida al ser rescatado por varios de sus acompañantes. (Gráfica 12)

Este tipo de eventos es lo que menos desean los miembros del grupo y el propio Kung-fu-Tze, por lo que no esperan otro "aviso" de muerte y prefieren continuar su camino. Uno de los viajeros recomienda cambiar el rumbo hacia Chen, viajar de noche y dividirse en varias cuadrillas para que sea más fácil escapar en caso de alguna emboscada por parte del nefasto Huan Tui. Así lo hacen y una vez decididos los rumbos y grupúsculos, cada uno parte por diferentes caminos con el fin de encontrarse en la ciudad de Chen.

(Gráfica 12). Confucio a punto de morir aplastado por atentado de uno de sus peores enemigos: el mariscal Huan Tui.

En Chen

Los diversos grupos se reúnen por fin en Chen sin mayores contratiempos y el recibimiento no puede ser más sencillo y humilde, ya que en las afueras de la ciudad, un espontáneo centinela que cuida la puerta de entrada a la ciudad les ofrece hospedaje, mismo que se prolonga durante varios días porque el príncipe gobernante no se digna recibirlos. Dice que está librando una batalla muy importante contra el estado de Wu, pero no con armas sino con argumentos políticos.

Kung-fu-Tzu decide que deben esperar a que el gobernante los reciba, pero esto definitivamente no sucede en los ¡tres años siguientes! Si esa no es paciencia, entonces nadie sabe lo que significa. Por fin resuelve, junto con sus discípulos, emprender nuevamente el viaje hacia la ciudad de Wei, donde hay más posibilidades de expandir sus enseñanzas. A las pocas semanas inician el siguiente recorrido:

No llegan con Tsin

Al enterarse Confucio de que la ciudad donde gobierna Tsin es la más sólida de toda la Liga del Norte, decide visitar al gobernante y caminan durante varios días hasta llegar a las aproximaciones de la ciudad. Antes de cruzar el río Amarillo, el Maestro recibe la fatal noticia de que dos de los ministros han sido ejecutados por orden directa del príncipe Tsin, por lo cual se queda impávido y mirando durante mucho tiempo la cercana y a la vez lejana ciudad, hasta que finalmente comenta, más para sí que para los demás:

—¡Qué hermosa vista se contempla al otro lado donde está la ciudad. Si no puedo pisar otra vez sus maravillosas tierras, el destino tendrá la culpa por impedírmelo!

—Maestro, ¿por qué has dicho esas palabras llenas de nostalgia y pesimismo? Interroga uno de sus discípulos.

—Porque pocos han demostrado tanta prudencia y sabiduría como los asesinados Choen-hoa y Ten Ming-tu, quienes fueron dos de los más grandes. Mientras fueron de utilidad, estuvieron con vida y en cuanto empezaron a estorbar con sus ideas de igualdad y justicia, entonces Chao Kientse les da muerte impunemente. Por ello está escrito en los sabios y antiguos libros que si abres con tu cuchillo las matrices llenas de vida, el unicornio nunca llegará a las casas llenas de luto; si tiras los nidos para romper los huevecillos, no podrás observar al Fénix llegar hasta las copas de los árboles. Todo esto es representativo de que el sabio debe alejarse de donde han asesinado a dos de los mejores hermanos.

Y no pudiendo soportar que la tristeza lo invada, Confucio decide entonar una de sus canciones más desconsoladas, tristes y melancólicas, acompañado por las dulces notas del laúd.

Cuando sopla el viento del otoño
azota las olas embravecidas.
La barca y los remos resultan inútiles,
pues es inevitable el choque contra las rocas.
¡Regresa a la casa para que te escuchen!
¿Qué buscas donde no te necesitan?

Confucio continúa vibrando las notas de su instrumento musical, cuando de repente se detiene y sigue con la vista la figura de un hombre que lleva una pesada cesta con hierba cargada al hombro, y se asombra al descubrir en el personaje a un viejo sabio taoísta que prefiere la vida ermitaña a la activa para terminar sus días rodeado de silencio y soledad. Sin embargo, el taoísta alcanza a decir casi balbuciendo las palabras:

—No existe la menor duda de que tiene un gran corazón quien ha estado tocando el laúd.

Y agrega:

—Pero sus esfuerzos son inútiles, mucho se puede llevar a cabo en esta vida hasta que un mal día te apartan porque ya no interesas a nadie. ¿Hemos de resignarnos? Cuando me encuentro en la orilla del río, si es profundo lo atravieso con las piernas desnudas, en caso de que no lo sea, me limito a levantar mi ropa hasta las rodillas.

Desde luego que la naturaleza de Kung-fu-Tze capta de inmediato la intención de las palabras del sabio taoísta aunque decide meditarlas, antes de hacer cualquier otro comentario, hasta que por fin expresa:

—Es cruel que un hombre tan sabio se aparte de la vida del mundo; pero es más cómodo esconderse ante la adversidad. Lo difícil es enfrentarse a las dificultades y a las incomprensiones con la cabeza en alto.

Así, con la imagen del sabio taoísta y el pensamiento de los ministros asesinados, Confucio y discípulos recogen sus utensilios y toman otro rumbo diferente al inicial que era visitar al despiadado y ahora asesino Tsin. (Gráfica 13)

De nuevo en Wei

Tal vez, el Maestro Confucio siente un cariño especial por la ciudad de Wei, ya que durante su periodo de viajero regresa en varias ocasiones, aunque algunos de sus discípulos no entienden a bien, qué es lo que lo hace regresar una y otra vez. Puede ser porque varios de sus alumnos ocupan cargos importantes en el gobierno, aunque no es ésta la razón, sino que ellos se encargan de aplicar en la práctica, todas las enseñanzas de su Maestro. Se habla de cientos de alumnos de la Gran Escuela confuciana que apoyan las labores gubernamentales y esto provoca que la fama del Maestro Kung-fu-Tzu crezca a cada momento.

(Gráfica 13). Kung-fu-Tzu decide no cruzar el río Amarillo después de enterarse del asesinato de dos de sus amigos.

Por esta razón, el duque de Wei acude a Confucio para solicitarle consejos sobre asuntos militares y la respuesta no puede ser más que de una sola manera:

—Duque, no puedo decirte nada al respecto de lo que me solicitas porque en el arte del manejo de los ejércitos sé muy poco o nada, ya todos saben que es una actividad que nunca en mi vida me ha preocupado. En cambio, si me preguntas sobre las tradiciones y ritos, podré aconsejarte lo mejor para todos, porque estoy muy bien enterado sobre todo ello.

La respuesta no es del agrado del noble y en forma por demás grosera y cortante, da por terminado el encuentro.

Muere rey de Lu

A principio del año 491 antes de nuestra era, Confucio y sus discípulos reciben noticias alarmantes y fatales. El duque de Ting, gran gobernador de Lu, tiene casi un año de haber fallecido, lo mismo que el jefe de la familia Ki, Ki Hoan. Todo esto empeora cuando la princesa Nan-tse, conocida como "la gran ramera" del rey, aprovechando el fallecimiento del duque, nombra a su hermano asesor de la corte, dedicándose éste, únicamente a llevar una vida desenfrenada, peor que la de su hermana. Lo más lamentable es que el hijo del duque, legítimo heredero al trono porque así lo marca la ley, es desterrado y nombrado en su lugar al nieto de Ting.

Con todo, esta etapa de traiciones, mentiras, ataques, envidias, venganzas y todo tipo de malas artes, nos ubica en que la política, en muchos miles de años no ha cambiado en casi nada, tal sólo en nombres y países pero en esencia, sigue siendo la misma porquería.

Así lo ve Confucio y de inmediato llega hasta la ciudad más cercana a Lu, la de Chen; pero sus acompañantes y discípulos lo convencen de que es el peor momento para hacerlo, ya que puede ser objeto de malos tratos, insultos y

¿por qué no?, hasta de una condena de muerte, con tal de llamar la atención los nuevos soberanos.

Otro atentado contra Confucio

Poco tiempo después, Kung-fu-Tzu y sus acompañantes deciden llegar hasta la ciudad de Tsai, dependiente del Estado de Chu, y antes de tocar su destino son alertados de que los combates entre Wu y Chen se han tornado sumamente sanguinarios y crueles. Este campo de batalla está precisamente hacia donde se dirige el grupo de viajeros que, aunque retirado, no deja de tener un alto grado de peligrosidad.

Sin embargo, todo se torna complicado cuando llegan guardias custodios del rey de Chu para proteger al grupo y a su líder; y no solamente eso, sino que llegan con un cargamento de obsequios valiosos tanto para Confucio como para cada uno de sus discípulos. Esto resulta contraproducente, ya que los enemigos de Kung-fu-Tzu y del soberano de Chu tienen la consigna de que ninguno de los viajeros debe llegar vivo a la ciudad, por lo que es contratado un grupo de mercenarios para eliminar de una vez y para siempre a Confucio y a sus alumnos.

Pero los enemigos del Maestro de Lu no saben que él ha sido avisado y ya busca un sitio seguro donde evitar ese mortal ataque de asesinos a sueldo y aunque no son encontrados por éstos, el grupo sufre un aislamiento de siete días en el que no pueden conseguir el mínimo alimento, siendo necesario racionar las provisiones con las que cuentan en esos días. Desde luego que algunos alumnos no están acostumbrados a este tipo de actividad bélica y empiezan a debilitarse y a enfermar.

Como ejemplo a seguir, Confucio en todo momento guarda la calma y serenidad para que sus discípulos intenten hacer lo mismo y así soportar el asedio de los mercenarios que quieren eliminarlos; pero no es tarea fácil, uno de los estudiantes del Maestro, pesimista y aturdido por la actitud pasiva del sabio, pregunta:

—¿Debe ser el sabio amenazado por el infortunio hasta llegar a los límites de la muerte?

Conociendo la naturaleza humana el miedo y la desesperación, Kung-fu-Tzu responde con una voz que proyecta paz y tranquilidad:

—El sabio es un hombre enfrentado a todos los peligros, lo que le hace diferente de la vulgaridad es que sabe contenerse en tanto que los demás se dejan arrastrar por la desesperación.

Como todos ponen atención a las palabras del Maestro, éste les pide que se coloquen formando un círculo y todos puedan escuchar lo que tiene y quiere decir para transmitir la paz interior que él posee, y que ahora más que nunca, es pertinente que todos la sientan.

—En el *Che King* está escrito: *Los hombres no somos tigres ni rinocerontes que pueden vivir aislados en el desierto.* ¿Acaso mi sabiduría no resulta del todo perfecta? ¿Por qué nos vemos amenazados por unos enemigos a los que NO odiamos? Tengo la seguridad de que no hemos sabido mostrar a los demás nuestra bondad y que no somos farsantes ni soberbios, por lo que, al faltarnos la necesaria sabiduría, las personas desconocen nuestra forma de ser, actuar y sobre todo, la doctrina que postulamos.

Un discípulo agrega:

—Todos sabemos que tu sabiduría es enorme y resulta tan grande, que muchos le temen o se niegan rotundamente a que vivas con ellos en sus tierras, por lo que creo que tendrías que mostrarte más humilde al comunicar tus amplios conocimientos.

El Maestro asimila estas palabras recriminatorias con buena fe y comenta:

—Un labrador al plantar la semilla nunca sabe si obtendrá una buena cosecha. El artista más hábil no tiene seguro el aplauso. El hombre superior habla con sabiduría, observa las reglas elementales y respeta principios aun cuando no sea reconocido por los demás. Si tú verdaderamente consideras que la sabiduría no es necesaria para conseguir la aceptación de la gente, entonces nunca podrás llegar lejos.

Otro estudiante aporta:

—Maestro, su sabiduría es tan grande y elevada que nadie en todo el reino puede aceptarla, pero si nosotros rechazamos la sabiduría, entonces estaremos rodeados por la vergüenza. En cambio, cuando la mostramos a los demás bien realizada y la consideran inútil, quienes deben sentirse avergonzados son los poderosos.

Estas palabras del discípulo favorito del Maestro lo reconfortan a tal grado que exclama:

—¡Oh, hijo de Yen, si tú fueras un hombre rico, te suplicaría que me tuvieses como tu administrador!

Una vez reconfortados, un alumno del Maestro se ofrece para escapar del sitio y pedir ayuda, la cual consigue, y no sólo eso, sino además un subsidio y una vivienda digna para albergar a todos los del grupo.

En Che

Kung-fu-Tzu llega a Che en el año 489 antes de Cristo y nuevamente se topan con problemas de índole político, ya que el trono está ocupado por un embustero que usurpa el título de duque sin serlo. Para poder lograr una cierta "legitimación" por el cargo de gobernante que no merece, al enterarse que Confucio está en la ciudad, lo manda llamar para pedirle un consejo.

—Maestro querido, tú que eres sabio y letrado, puedes decirme ¿cómo es el arte de gobernar?

A lo que responde:

—Todo buen gobernante procura la felicidad de los gobernados, ya que es la mejor forma de ganarse el afecto de quienes se encuentran lejos.

Desde luego que la respuesta no es del agrado del falso príncipe que entiende que la virtud es el mejor medio para cultivar a los inferiores, y que un buen gobernador está obligado a ser el primero en dar ejemplo con su conducta, pública y privada.

El falso soberano insiste:

—Entonces, ¿Cuándo se debe emplear el rigor de la fuerza?

—Cuando antes se han impuesto costumbres de honradez y austeridad, uniendo la lucha contra la corrupción y un tipo de jerarquía social, después de eso, puedes emplear la mano dura; pero si ya lograste lo anterior, no será necesaria llegar hasta ella.

E insiste el Maestro:

—El día que la gran verdad consiga la victoria que anhelamos, la tierra pertenecerá a todos (primer concepto de socialismo utópico), entonces el pueblo elegirá a los más sabios y mejor dotados para que mantengan la paz y el buen reparto.

—En el país, la mayoría de los hombres observan una conducta recta; si un hijo se da cuenta que su padre ha robado una oveja, en ningún momento lo denuncia a la autoridad.

—En el lugar de donde vengo, los hombres rectos se comportan de otra manera; el padre oculta los pecados del hijo y éste los del padre. La trascendencia de la familia como primer y más importante núcleo social, es sumamente esencial ya que debe permanecer unida a toda costa y prueba, aún a pesar de que alguno, algunos o toda la familia se hagan cómplices de un delito.

Con esta respuesta, el gobernador pregunta, ya sin ningún rubor, quién es realmente Kung-fu-Tzu.

—Soy un hombre que desea comunicarse con la humanidad, pero lo hago con tal entusiasmo que me lleva a olvidarme de comer a mis horas. Al mismo tiempo, me muestro alegre al instruir en mi doctrina que dejo de lado mis pesares y pierdo la sensación de que la vejez se aproxima.

Con esto, Confucio recuerda para sí la ocasión en que uno de sus discípulos es acusado por un campesino en cuanto a que sus vidas no son útiles y que sus manos jamás han sabido lo que es el trabajo del campesino, ni saben distinguir las cinco clases de trigo. Recuerda también, la respuesta que da a su alumno aunque ya no pudo hacerla al labriego: "Es tan injusto dejar de servir a la tierra como a la humanidad. Si un padre nunca abandona sus obligaciones familiares, ¿cómo no ha de comportarse igual el gobernante con sus súbditos? Cuando nos proponemos mantener la pureza estamos alterando las relaciones de la sociedad. El sabio instruye a los demás de acuerdo a las reglas de la justicia, pero todos sabemos que el orden no reina en el mundo.

Sesenta años de Kung-fu-Tzu

A lo largo de cuarenta años, el Maestro Confucio ha formado y enseñado a miles de estudiantes su doctrina; a todos les siembra la contribución pacífica que siempre deben hacer en cualquier lugar donde se encuentren. Como todo ser humano, el sabio alberga dudas sobre si su vida ha servido realmente a la humanidad o definitivamente ha sido un fracaso, ya que no siempre es bien recibido en algunas ciudades. Alguien que pregona y vive con la justicia e igualdad, siempre tendrá enemigos y éstos, en su mayoría, nunca dan la cara, se esconden como ladrones y asesinos para difundir calumnias y mentiras en torno a lo que Confucio y sus discípulos pregonan.

Las advertencias sobre el "peligro" que su presencia representa en muchas ciudades han sido claras; incluso se llega a la burla, la forma más cruel de herir a alguien que no utiliza la violencia para defender sus ideas, como la de aquel bufón quien al reconocer al Maestro le canta burlonamente este estribillo:

¡Ay ave Fénix! ¡Ay ave Fénix!
¡Cómo ha desaparecido tu resplandor!
Ya eres un hombre vulgar sin voz,
pero en el futuro todo te será peor.
¡No te quemes en vanas ilusiones!
¡Quien desea aprovecharse del Estado,
terminará siendo cruelmente despeñado!

O el canto de aquel loco que no respeta a nadie, ni a sí mismo, cuando canta:

¡Oh Fénix sin ilusión!
¡Cuánto se ha prostituido tu virtud!
¡Si se te reprochara tu pasado,
lo considerarías un esfuerzo inútil;
pero es el futuro lo que te atemoriza,
ya que serán muchos los que te persigan!
¡Busca el descanso del retiro,
donde ya no perjudiques a nadie!
¡Tú has conseguido que los políticos y gobernantes
se sientan en peligro al saber que tú llegas!

A almas y espíritus como los del Maestro Kung-fu-Tzu, las palabras causan más heridas que las armas. Siente que su corazón sangra por creer que la mayoría de la gente que lo conoce o sabe de su sabiduría, no comprendió sus palabras ni sus mensajes, ni mucho menos su forma de vivir y gobernar. La ambición desmedida de los gobernantes, la ignorancia de una sociedad injusta de nobles y ricos, y la enferma resignación de los pobres por su condición social, son formas de vida arraigadas desde siempre en los humanos y la labor de Confucio, como en su tiempo la de otros grandes sabios, sólo será comprendida (aunque tal vez nunca aplicada a nivel gubernamental) varios cientos de años después de su muerte.

Una vez más en Wei

Para calmar su alma atribulada y burlada, Confucio y los pocos discípulos que aún lo acompañan llegan por enésima ocasión a Wei, y en lugar de encontrar paz y tranquilidad, se topan con que el duque Ling tiene un año de fallecido, Cho, su nieto, es ahora quien mal gobierna esta ciudad, ya que, para empezar, es acusado socialmente de asesinar a su abuelo para ascender al trono inmediatamente, así como del intento malogrado de liquidar a la princesa Nan-tse, quien por su avanzada edad ya no representa amenaza alguna para nadie y su fama de seductora y gran ramera se perdieron con el paso de los años.

El duque Cho, sabiendo que Confucio sirvió en varias ocasiones a su abuelo, requiere su presencia para solicitarle sus servicios en su desordenado gobierno, ya que la corrupción y las traiciones están al orden del día; pero el ánimo y espíritu del Maestro están tan heridos que antes de presentarse ante el joven, déspota e injusto soberano, prefiere marcharse de la ciudad y olvidarse del mundo durante varios años.

Seis años aislados

Éste es un pasaje oscuro en la vida de Confucio y sus discípulos ya que se ignora en dónde están hospedados y a qué le dedican el tiempo. Se cree que viven en una cabaña perdida en el bosque o en cuevas para estar totalmente aislados del mundo, y su principal actividad es la de estudiar abiertamente y a conciencia los antiguos libros sagrados; los textos a los cuales el Maestro les guarda enorme respeto y que han marcado y regido su vida desde que él tiene acceso a ellos, destinando seis largos años a esta única actividad intelectual y de estudio.

¡Por fin de regreso en Lu!

Tantos años fuera de Lu y los últimos seis de aislamiento provocan que muchos jóvenes de Lu apenas conozcan algo sobre la vida de Kung-fu-Tzu; incluso, uno de sus discípulos más adelantados, Yen Kieu, está al servicio del duque de Lu, Ki Kang, quien obtiene un triunfo militar muy importante para el reino gracias al consejo de su asesor, practicante del confucianismo y por esta razón el duque pregunta:

—Yen Kieu, ¿Dónde aprendiste ese talento que todos consideramos no propio de ti?

—Todo lo que sé y me permite actuar en la vida se lo debo a mi Maestro Confucio.

—¿Qué tipo de hombre es tu Maestro?

—Lo considero el mayor conocedor del mundo, ya que ha leído todos los libros que merecen la pena y puede memorizarlos desde la primera hasta la última línea y explicarlos al mismo tiempo. Nació en esta ciudad y es el hijo más destacado de ella. Los que nos hemos instruido de su ciencia lo consideramos más que un padre.

—Deseo conocerlo, ¿qué debo hacer para que venga ante mi presencia?

—Únicamente invítalo y no lo trates severamente como se le hace a un ser inferior, sólo así te brindará sus mejores consejos.

Ni tardo ni perezoso, el duque envía una invitación a Confucio para que tenga una entrevista con él. Kung-fu-Tzu cuenta en este momento con sesenta y nueve años y casi tres lustros sin pisar el adorado suelo de Lu, por lo que el Maestro acepta la invitación y acude ante el soberano Ki Kang.

El primer encuentro es muy amistoso. Confucio recuerda sus felices días infantiles y juveniles en Lu, expresa su eterno amor por el terruño y menciona los enormes sacrificios que su madre hizo para costearle los estudios en la escuela de nobles. (Gráfica 14)

Así, entre remembranzas pasa el tiempo, por lo que el duque decide en ese momento nombrar al Maestro como consejero extraordinario, y para probar la sabiduría del nuevo funcionario, el soberano le pregunta sobre cuestiones generales de la forma de gobierno ideal, siendo ésta una cuestión por la que siempre ha luchado el sabio de Lu, por lo que responde:

—Si los poderosos abandonan la codicia, ten la seguridad de que el pueblo no robará porque la riqueza existente estará repartida en forma justa y equitativa.

Esta respuesta es tomada más como provocación que como un sano consejo, y aunque enojado, el duque permite al Maestro terminar de hablar:

—Toma en cuenta que la virtud de los príncipes es como el viento, en tanto que la gente del pueblo representa a la

(Gráfica 14). Confucio y sus discípulos son bien recibidos en todos los poblados, hasta que empiezan a pedir paz, justicia y bondad a los gobernantes.

104

hierba y ésta, siempre se inclina en la dirección que sopla el viento.

El gobernante se retira de la entrevista ya dudoso de su decisión de tener a Confucio como asesor extraordinario; aún así, otorga al Maestro y a sus discípulos una amplia y cómoda residencia, buenos ingresos para su manutención y sobre todo, aunque sin proponérselo, mucha paz y tranquilidad.

A los pocos días, Ki Kang está desesperado porque su gobierno necesita obtener mayores ingresos y como única estúpida razón, se le ocurre aumentar los ya de por sí altos impuestos. Para esto, requiere que el discípulo de Confucio esté de acuerdo con ello, pero la respuesta de Yen Kieu es un rotundo no. Aún así, el gobernante decide que el pueblo pague más impuestos y finalmente convence al confuciano para que lo respalde y éste a su vez, le solicita apoyo a su Maestro, pero él decide no decir nada y guardar un hermético silencio.

Una vez fuera del Palacio de Gobierno y reunido con sus acompañantes, el sabio de Lu manifiesta al respecto:

—Los impuestos han sido fijados desde la época de Chou y siempre me han parecido excesivamente altos, por lo que es sumamente abusivo subirlos a un alto costo para el pueblo. Si a la gente de la ciudad le falta comida, ¿por qué ha de sobrarle a los que gobiernan? En cuanto a Yen Kieu, quien fuera nuestro hermano, ha intentado hacerse rico a costa mía, por lo que, desde hoy, pueden redoblar el tambor en contra de su persona y recuerdo.

Así de simple es la verdad y así de sencillo se puede perder toda una vida dedicada al bien por conseguir unas cuantas monedas.

9

Exhortaciones

Otra similitud con Jesús

En los últimos años de la vida de Kung-fu-Tzu, éste lleva a cabo una selección de setenta y dos de sus partidarios para divulgar y diseminar sus enseñanzas. Este acto recuerda otro que varios siglos después repite Jesús con sus discípulos poco antes de ser arrestado y llevado a la cruz. Él también selecciona a setenta y dos personas para la difusión de la buena nueva.

Confucio, en cada oportunidad que tiene, provoca el diálogo abierto y trata de destacar las enseñanzas para que, en el futuro, cuando él ya no esté en este mundo, puedan ser asimiladas y sobre todo, aplicadas en la vida común y de los gobernantes para lograr un mundo mejor. Aquí, algunas de ellas:

En la música

Después de escuchar un concierto con músicos formados por el mismo Confucio, éste rechaza tomar cualquier tipo de alimento. Está tan extasiado con lo que acaba de escuchar que, ante la insistencia de algunos de sus discípulos para que coma, les dice:

—Todo lo que uno necesita hacer es simplemente comprender el ritual y la música, y después aplicarlos al gobierno, ya que con ellos, todo puede ser ordenado correctamente. Cuando todo está ordenado correctamente, encontramos nuestro centro moral: cuando encontramos nuestro centro moral, la paz política y gubernamental siguen de manera natural.

Y para no dejar duda, remarca.

—La música de los países pacíficos y prósperos es tranquila y alegre, y el gobierno es ordenado; la música de un país con disturbios muestra descontento y enfado, y el gobierno es caótico; y la música de un país destruido muestra tristeza, recuerdos del pasado y la gente vive molesta. Es así que la música, el ritual y las ceremonias están relacionadas unas con otras. Lo más importante es que el país que cultive las formas más elevadas de la música y las artes, será la cultura que más perdure.

En otra ocasión, el Maestro de Lu dice a sus alumnos:

—La música expresa la armonía del universo, mientras que los rituales lo hacen con el orden del Universo. Mediante la armonía, todo lo que nos rodea es influenciado y mediante el orden todo lo que nos rodea tiene su lugar apropiado. La música surge desde el Cielo, mientras que los rituales son diseñados desde la Tierra.

En lo individual

En una ocasión en que varios alumnos acuden a una corte y miran como son y gobiernan los soberanos, muestran tal inquietud que, ya en la Gran Escuela, preguntan al Maestro:

—Hay tanta corrupción e intriga en las cortes que no sabemos cómo pueden conducirse en forma virtual y ética.

—Tú hablas del camino medio, escuchen: aquellos que siguen el camino de en medio en compañía de otros, no se rebajan a nada o hacen algo impropio porque, como son flexibles por lo que valen, permanecen en medio y no se inclinan hacia ningún lado. Quienes siguen el camino medio no participan en nada donde no puedan ser sinceros consigo mismos.

Si tienen una posición alta, no tratan con desprecio a los que están por debajo de ellos; si ocupan un nivel inferior, no usan ninguna artimaña para obtener los favores de sus superiores.

Y dando un breve tiempo para la reflexión, prosigue Confucio con su exposición.

—Se corrigen a sí mismos y no culpan a los demás; no se sienten insatisfechos, ya que, por un lado, no murmuran contra el Cielo y por otro, no tienen algún resentimiento hacia los humanos. Por lo tanto, aquellos que siguen el camino medio viven con tranquilidad, esperando solamente la voluntad del cielo.

Los discípulos insisten en el tema y pregunta uno de ellos:

—Maestro, en este mundo donde hay tantos peligros y tentaciones, ¿cómo puede uno seguir el camino medio y el sendero de la virtud? Cuando he visitado las cortes, veo que se da dinero por favores; cuando he caminado a través de las aldeas, he visto todas las formas de tentación. Entonces, ¿cómo se supone que uno pueda vivir en la virtud en tiempos como éstos?

—Si tú sigues el camino de la virtud debes cultivar tu moral en tu existencia continuamente, pero no puedes, al igual que si fuera una comida única, actuar en contradicción con la virtud; en momentos de premura, debes unírteles, ¡en temporadas de premura, debes unírteles!

Otro alumno pregunta a Confucio:

—¿Qué es el *Chun Tzu*?

El Maestro sabe que es una pregunta importante y requiere de una excelente explicación.

—Para llegar a ser un *Chun Tzu* primero hay que ser uno mismo ya que este camino de la persona superior, que es el verdadero significado de la palabra, conduce hacia una vida que es moral, y es uno quien continuamente cultiva su propia verdad o existencia moral. Para que no caigan en errores comunes, el *Chun Tzu* sí hace reverencia ante tres acciones bien definidas: Una, hacia los mandatos del Cielo; dos, a los grandes hombres, y tres, a las palabras de los sabios. Es importante que sepan que cualquier ser humano, no importa su condición social, puede ser un *Chun Tzu,* ya que lo único que necesita es decidir ser él mismo. Si somos servidores fieles de la virtud, nos encontraremos que ella siempre vive sola y siempre atrae compañía.

En otra oportunidad algunos de los discípulos del Maestro que tienen más tiempo en la Gran Escuela, encuentran ocasión para preguntarle:

—Usted nos ha entrenado bien en el camino de la virtud, sabemos que estamos siendo preparados para entrar en servicio algún día, pero, ¿qué trayectoria escogeremos? ¿cuál es la más importante? ¿debemos llegar a ser funcionarios del gobierno, educadores o debemos entrar en el servicio religioso? Creemos que cada alumno tiene su propia trayectoria y su propio camino dentro de su corazón y también creemos que sus misiones personales en la vida se descubrirán mediante la búsqueda del conocimiento personal.

Este tipo de cuestionamientos bien planteados, son sumamente alentadores para Confucio, por lo que cierra los ojos, suspira profundamente meditando su respuesta y ésta finalmente llega:

—Los propósitos del Cielo están contenidos en nuestra naturaleza. Cada quien tiene su propio destino natural. Todos pueden andar el camino de la virtud, pero sólo puede tomarse como una jornada en la que aun el Sabio es un principiante.

Pero las preguntas y dudas continúan y otro estudiante pregunta al Maestro.

—Yo tengo una carga muy pesada en mi corazón, veo que otros compañeros avanzan más rápido y aprenden más que yo. Ellos parecen comprender sus palabras con mucha mayor facilidad, por lo que no creo que tenga significado alguno para mí ser parte de la Gran Escuela y he decidido que debo partir ya que siento que lo único honorable para mí es venir con usted y comentarle esto.

—¿Tú sabes cuáles son las tres preguntas que un estudiante de la Gran Escuela pide para sí al final de cada día?, pregunta Confucio.

—Las tres preguntas son: ¿he ayudado a los demás? ¿he sido un verdadero amigo? y ¿he desperdiciado lo que se me ha enseñado?

—Es correcto. ¿Recuerdas si te has hecho estas preguntas al final de cada día?

—¡Por supuesto que si!.

—Entonces; estás en el camino de ser un estudiante de la Gran Escuela; estás en el camino de cultivar la virtud dentro de tu corazón. ¡Es la virtud y nada más que la virtud dentro de las personas la que hace sus trayectorias grandiosas. No es la trayectoria la que hace a las personas grandes!

El alumno asiente con la cabeza, medita y decide continuar en la Gran Escuela.

Otro discípulo pregunta en el mismo tono pesimista del anterior:

—Maestro, ¿no tomará siglos para que el camino de la virtud llegue a ser una forma de vida?

—¡Si podemos alguno de nosotros conquistarnos y retornar a la virtud por un día, toda la humanidad podría retornar a la virtud de por vida!, contesta con energía Kung-fu-Tzu y al ver la reacción de incomprensión de algunos de los alumnos, él suaviza el tono de voz y agrega su propia versión del paraíso.

—¡Ah, no puedo imaginar un destino más feliz que vivir únicamente con los virtuosos!

De la juventud

Una tarde que Confucio y varios de sus alumnos pasean por el campo, a lo lejos escuchan a un granjero quien regaña a su pequeño hijo diciéndole malas palabras. Al aproximarse el grupo, el granjero detiene en lo alto la mano en la que sostiene un látigo a punto de azotarlo contra el frágil cuerpo del pequeño. Kung-fu-Tzu se acerca hasta donde está el padre enojado y solicita hablar con él en privado; los dos se alejan un poco y al final, al despedirse, hacen una reverencia en señal de respeto mutuo.

El grupo continúa su camino sin que el Maestro diga una sola palabra; va meditabundo y solamente cuando un discípulo pregunta ¿qué pasó con el granjero?, responde:

—Si ustedes piensan que reprendí al granjero están equivocados. Simplemente le recordé cortésmente que a la juventud hay que tratarla con respeto, ya que, después de todo, ¿cómo sabemos que su futuro no será igual de injusto que nuestro presente? Siempre les he dicho que los padres y los mayores deben ser honrados aun a pesar de que ese respeto también debe ser ganado por los adultos.

El Maestro hace una pausa y continúa:

—Recuerden durante toda su vida que honrar a los padres es reverenciar lo que está bien, y al hacerlo así, aprendemos lealtad hacia el príncipe; y si nuestros padres nos dieron cuerpo, cabello y piel, debemos cuidar de ellos en su vejez. Los padres no son para ser adorados, sino para ser reverenciados.

De la ley moral

Éste es un punto que, como se observa líneas arriba, es de suma importancia para el Maestro de Lu, por lo que en muchas ocasiones insiste en su muy particular concepto sobre ello. Él les platica:

—No existe un lugar en los más altos Cielos ni en las aguas más profundas donde la ley moral no pueda ser encontrada. Las leyes morales forman un sistema; es con las leyes que el Cielo y la Tierra se apoyan, contienen, oscurecen y amanecen todas las cosas. Estas leyes morales forman el mismo sistema, con leyes por las cuales las estaciones se suceden unas a otras y el Sol y la Luna aparece con la alternancia del día y la noche.

Es este sistema el que hace que el Universo sea impresionantemente inmenso. Debe quedarles claro que, cuando ustedes y yo guiemos la vida de una persona moral, la manifestación de ese orden moral universal encontrará su más profunda expresión en todo.

En otra ocasión, cuando Maestro y estudiantes disfrutan de la naturaleza, del canto de las aves, del sonido tranquilizador de una pequeña caída de agua, un alumno insiste en el tema anterior y pregunta:

—Maestro, usted nos ha dicho que la ley moral es parte importante de toda naturaleza, pero ¿es esto verdad?

A lo que Kung-fu-Tzu contesta con alegría ya que este tipo de cuestionamientos lo hacen muy feliz y porque sus alumnos demuestran que la enseñanza no sólo está en su mente sino también en sus corazones y almas.

—La verdad significa el cumplimiento de nosotros mismos y las leyes morales significan seguir la ley de nuestro propio ser. Sin la verdad no hay existencia material y por esta razón es que la persona moral valora la verdad.

Como es su costumbre, Confucio permite la asimilación de sus primeros conceptos, en tanto que se otorga esos momentos para suspirar profundamente y continuar con su exposición.

—La verdad absoluta es indestructible y siendo indestructible, es eterna; siendo eterna, existe por sí misma; existiendo por sí misma, es infinita; siendo infinita, es vasta y profunda; siendo vasta y profunda, es trascendental e inteligente y es por ser vasta y profunda por lo que contiene toda la existencia. Es por ser trascendental e inteligente por lo que abarca toda la existencia. Es por ser infinita y eterna por lo que lleva a cabo o perfecciona toda la existencia. Es tan vasta y profunda como lo es la Tierra. En lo inteligente y trascendental es como el Cielo: ¡infinita y eterna; es infinita por sí misma!

Después de permitir la reflexión y meditación en sus palabras, al alejarse de todo el grupo, alcanzan a escuchar un susurro del Maestro: *Todo es Uno.*

Frase que resume casi toda la ideología de Confucio

Durante una conversación con sus alumnos, uno de ellos expresa que desea acortar o resumir en unas cuantas palabras la filosofía y forma de vida que tanto pregona el Maestro, por lo que le pregunta:

—Maestro Kung-fu-Tzu, ¿existe un hilo central que exponga rápido y sin rebuscamientos todas sus enseñanzas, algo en que se pueda resumir en una o en pocas palabras?

—¿No es "reciprocidad" tal palabra?, repregunta el Sabio.

—¿Reciprocidad? ¿No es simplemente dar y tomar?

—La reciprocidad... es mucho más que eso.

Y continúa explicando, señalando hacia arriba y después alrededor suyo.

—Si el Cielo y la Tierra no tuvieran comunicación, nada crecería y florecería como lo hacen, por ejemplo, los seres vivientes. Observa como la reciprocidad trabaja en la naturaleza: el agua y el fuego se asisten uno al otro; el trueno y el viento no actúan en contradicción el uno con el otro; las montañas y las acumulaciones de agua intercambian sus influencias. Es así, de esta forma, que aquellos que son capaces de cambiar y transformar le dan conclusión a todas las cosas.

—Maestro, empiezo a distinguir el significado en el mundo material –dice el alumno– pero, ¿cómo lo aplicamos en nuestra vida diaria y en la búsqueda de la virtud?

—¡Ah!... al seguir la siguiente regla simple, tú vivirás una vida de reciprocidad: **No hagas a los demás lo que no te harías a ti.**

10

Etapa final en la vida
de Kung-fu-Tzu

Después de estar muchos meses en calma en su natal Lu, donde se dedica a actualizar varias de las grandes obras antiguas escritas y de donde él toma muchas de sus enseñanzas, destacan los libros siguientes: *Chu King* o "Libro de los Documentos", *Che King*, "El Libro de las Odas y el *I King*, mundialmente conocido como "El Libro de las Mutaciones" y entre los textos que el Maestro escribe, sobresale el *Chuen Tsieu*, una crónica de su tierra natal, Lu, a la que siempre lleva en su corazón hasta que éste deja de latir.

En el año 480 antes de nuestra era, Confucio es requerido por algunos nobles para que acuda a identificar un extraño animal que ha sido capturado y que nadie se atreve a matar por temor a que sea una fiera sagrada y les caiga alguna maldición celestial.

Kung-fu-Tzu camina parsimoniosamente, como no deseando llegar al lugar donde está la extraña criatura. Tiene una pesadumbre en su cuerpo poco frecuente, pero como es un hombre de decisiones, prosigue su camino hasta una de las llanuras donde tienen capturado al animal.

En cuanto lo ve el Maestro y lo revisa, descubre que cojea de la pata delantera izquierda y lleva atada una gastada pero identificable cinta en el cuerno sobre su cabeza, por lo que exclama en voz alta: "¡Es un unicornio sagrado! ¡Mi vida y mi doctrina han terminado!" y en ese momento regresan a su mente las palabras e imágenes que tantas veces le platica su madre acerca de su nacimiento; cuando antes de nacer él, en sueños se le aparece un unicornio a su madre e inmediatamente lo liga con su desaparición física de este mundo, que está próxima. (Gráfica 15)

(Gráfica 15). La captura del unicornio con la mascada de seda significa que la muerte de Confucio está cerca.

Aunque Confucio está conciente de que sus días están por terminar, se siente frustrado porque cree que su labor en la Tierra no ha concluido y en un arranque breve pero muy hondo, resaltando un enorme sentimiento de fracaso, comenta a sus inseparables discípulos: "¡Yo soy como una orquídea oculta, mi enseñanza ha florecido, pero nadie puede ver o apreciar su fragancia!"

Exactamente un año después de encontrar al unicornio, en el año 479 antes de nuestra era, Confucio está de pie y vestido desde muy temprano y luego de dar gracias a los dioses, pasea lentamente por el frente de su vivienda cantando:

Llegó el momento de que el Tai Chan se derrumbe,
pues el gran árbol será destruido.
¡El sabio desaparecerá cual planta marchita!

Este canto repetido lo lleva a cabo durante mucho tiempo, hasta que uno de sus alumnos se atreve a interrumpirlo:

—Maestro, ¿qué pasa?

—¡Oh Señor! ¿Por qué tardas tanto en venir por mí?

Y como si no escuchara a su discípulo continúa diciendo:

—El ataúd debe colocarse bajo la Hia y en la zona alta de la escalera, por debajo de los Cheu, encima de la escalera Oeste; bajo los Yin en medio de dos columnas. Esta noche he soñado que me encuentro acomodado entre columnas, ante las ofrendas que se dedican a un muerto y no tengo duda de que soy yo, porque vengo de los Yin, los reyes de Chang.

Al terminar sus cantos y lamentaciones, Kung-fu-Tzu entra en su casa, llega a su recámara, se prepara para acostarse y así se queda durante los próximos siete días. Durante todo ese tiempo no expresa palabra alguna y sólo hasta que está en sus momentos finales es cuando pregunta en voz alta en tono de reclamo y resignación: *¿No habrá nadie* *que reasuma mis enseñanzas y las divulgue por el mundo?* (Gráfica 16)

Así termina a los setenta y tres años la vida del Sabio, Maestro y Filósofo Kung-fu-Tzu, el día de *Ki-Cheu*, el once del cuarto mes del año dieciséis del reinado del duque de Ngau de Lu, el cuarenta y uno del rey de Chieu y el 479 antes de nuestra era.

Como sucede con muchos de los grandes iniciados, Confucio empieza a ser reconocido por los vivos después de que él muere. Un claro ejemplo de esto es la oración del duque de Lu, al estar frente al ataúd del Maestro y consejero, mismo que es enterrado al Norte de la ciudad de Kiu-Fu, cerca del arroyo Sseu; el soberano comenta lastimosamente:

> *El Cielo se ha llevado al hombre más venerable.*
> *¡Nadie quedará en el mundo que nos pueda ayudar!*
> *¡Ay de nosotros!*
> *¡Qué desgracia oh insigne Maestro!*

(Gráfica 16). La casa del Maestro Kung-fu-Tzu es rodeada por dragones que anuncian su desaparición física pero no de su filosofía y enseñanzas.

118

11

Confucianismo

L a religión oficial de China es el Confucianismo, aunque es considerada más un sistema de ética o filosofía que un dogma. Se le denomina así y no confucionismo para evitar, precisamente, confusiones a la hora de mencionarlo, ya que existe la voz homónima *Confusionismo* que significa *oscuridad en las ideas o el lenguaje*, producida en general y deliberadamente, por ejemplo: en el modo de hablar de muchos políticos del mundo.

El Confucianismo es el principal sistema de pensamiento en China, desarrollado a partir de las enseñanzas de Confucio y sus discípulos, y tiene que ver con los principios de la práctica del bien, la sabiduría práctica y las propias relaciones sociales. Esta corriente filosófica influye en la actitud de los chinos ante su propia existencia, afirmando modelos de vida y pautas de valor social y proporcionando la base de las teorías políticas e instituciones de China. Desde este país se extiende a Corea, Japón y Vietnam, y en las últimas décadas ha despertado interés entre los estudiosos de Occidente.

Es de destacar que tras la muerte de Kung-fu-Tzu ocurre algo notable, aunque no sorprendente, en la naturaleza humana de los nobles y príncipes que rechazan sus enseñanzas ya que al mismo tiempo se arrepienten de su soberbia y engreimiento, y las adoptan y abrazan con ferviente pasión. Con esto, todos saben que Confucio siempre dice lo que piensa y en muchas ocasiones no es del agrado de los gobernantes pues esta franqueza ofende más a los soberbios quienes lo rechazan al no poder negar la verdad de sus palabras.

Esta acción es tal, que muchos de los alumnos del Maestro de Lu son designados para ocupar altos y dignos cargos en casi todo el país, tales como en los rubros de educación, buen gobierno, artes, religión y otros sectores que afectan directamente a la sociedad. De esta manera, las enseñanzas del Maestro se aplican a la vida cotidiana y echan por tierra las últimas palabras del sabio: "¿Quién seguirá mis enseñanzas?" y su legado está lleno de sinceridad, bondad, amor, paz, armonía, música, integridad, humanismo, filosofía, libertad de pensamiento y acción, pero sobre todo y ante todo: de Verdad y Virtud.

Aunque el confucianismo llega a ser la ideología oficial del Estado chino, nunca ha existido como una religión establecida con una iglesia y un clero. Los eruditos chinos alaban a Confucio como gran maestro y sabio, pero nunca lo adoran como a un dios o un mesías.

Por lo tanto, es un error llamar al confucianismo religión, aunque tenga principios basados en ella, como la adoración del Universo en sus partes y en sus fenómenos; muchos de ellos aún incomprensibles para la mentalidad de la gente del siglo XXI. Este universalismo se divide en dos ramas que con el tiempo se separan más y más: Confucianismo y Taoísmo.

El primero, como proviene de la antigüedad, es considerado animista y politeísta, de donde las divinidades o dioses surgen del *Yang* o bien y son espíritus benéficos; mientras que en el *Yin* están los demonios, espectros y espíritus del mal pero que tienen la extraña característica de que no pueden actuar ni causar daño a los humanos sin que exista consentimiento por parte del Cielo. Con esta escuela de Confucio, el cielo o *T'ien* es el centro de todo o el dios más alto, no existe absolutamente nada más allá de él.

Confucio de ninguna manera se proclama a sí como una divinidad. A diferencia de las construcciones de muchas religiones, los templos erigidos en honor a el Sabio de Lu no son lugares en los que grupos organizados se reúnan para alabarle, sino edificios públicos diseñados para ceremonias anuales, en particular en el cumpleaños del filósofo.

Sin embargo, durante varias épocas, han existido varios intentos para divinizar a Confucio y ganar prosélitos al confucianismo, mismos que fracasan debido a la naturaleza tradicional de su filosofía.

Kung-fu-Tzu nunca funda una religión ya que admite ser un hombre como cualquiera; cree en el Cielo, más que en los dioses, como algo misterioso, impersonal que actúa sobre el mundo, también en los dioses y espíritus de la tierra. Pero lo religioso no es para él una obsesión, ya que desea servir al hombre y a la humanidad proponiendo la igualdad de todos, buscando la felicidad universal.

Con el paso del tiempo, el confucianismo sufre muchos cambios, varios de los cuales el mismo Maestro y Sabio jamás los hubiera aprobado en vida y se escandalizaría por los excesos que se cometen en su nombre. Pero lo más aberrante es que Kung-fu-Tzu es considerado como un dios o espíritu de veneración, contrario a sus enseñanzas. Sin embargo estas aberraciones siempre tienen quien se les oponga, ya que casi toda persona es educada en los principios del confucianismo, siendo la virtud la principal arma contra la tiranía e injusticia, venga de donde venga, y estos principios dan fuerza a muchos para oponerse a las violaciones de la ética de Confucio.

Muchos estudiosos de la obra de Kung-fu-Tzu y del confucianismo resumen sus enseñanzas en cinco principios básicos:

1. Relación de justicia entre príncipes y súbditos.
2. Relación de amor mutuo entre padres e hijos.
3. Conjunto de deberes entre el hombre y la mujer.

4. Observancia de las normas de comportamiento, basadas en la edad (ancianos-jóvenes).
5.- Relación de lealtad entre los amigos.

Además, toda su doctrina la reducen a la siguiente frase: "Lo que no quieras para ti no se lo hagas a los demás".

Destacados confucianistas

Otro aspecto del confucianismo es que es considerado como un conjunto de doctrinas morales, políticas y religiosas, por lo que es básicamente una doctrina moral. Todos los humanos son buenos por naturaleza y la bondad crece con el estudio. Las virtudes cardinales son el amor, la justicia, la reverencia, la sabiduría y la sinceridad.

El gobierno debe tomar como modelo a la familia patriarcal y el emperador está encargado por el Cielo de ser el padre del pueblo. El confucianismo rinde culto al Cielo o *T'ien* y a los antepasados. No es ocioso insistir en que Confucio basa sus enseñanzas en las doctrinas de los sabios antiguos, cuyas obras públicas y sus discípulos completaron sus enseñanzas.

Entre ellos destacan dos grandes pensadores de la antigüedad confuciana: **Mencio** (Gráfica 17), conocido como *Meng-zu* o *Meng-tzu*, quien nace en el siglo IV antes de nuestra era y es un filósofo y moralista chino, discípulo de un nieto de Confucio y el más ilustre de los seguidores de éste. Funda una escuela filosófica de gran relieve y sostiene la bondad innata de los humanos y la importancia primordial del pueblo en los estados. El otro es **Hsün-tzu**

Con el apoyo de emperadores, el confucianismo se expande y llega a ser una religión imperial en la China (aunque no admitida como tal abiertamente), en especial bajo las dinastía Han y Tang. En el siglo XII esta corriente sufre una notable transformación con el neoconfucianismo que elabora una filosofía de lo absoluto y es influida por el budismo.

(Gráfica 17). Retrato de Mencio, quien dos siglos después de Confucio, se encarga de enseñar y aplicar toda la sabiduría del Maestro Kung.

Con el advenimiento de la República en China en 1912, deja de ser considerada como filosofía oficial del imperio, aunque en los siglos XVII y XVIII el confucianismo ya ha penetrado en Japón, donde surgen varias escuelas.

Con el tiempo Confucio es venerado como un dios debido a su vida y obras, y la religión, ahora sí llamada Confucianismo, se desarrolla posteriormente.

En resumen

Confucio nace en 551 y muere en el 479 antes de nuestra era, es decir, vive 73 años. Su verdadero nombre es Kongqiu (Kong, apellido y Qiu, nombre). En China es mejor conocido como Kongzi, pues según las costumbres tradicionales «zi» significa «señor» y colocar un «zi» detrás del apellido es una forma respetuosa de tratamiento. Mientras que el nombre más popular en otros países, es Confucio, al ser occidentalizado.

En la época en la que vive, es decir, en el periodo histórico conocido como de Primavera y Otoño, el viejo sistema esclavista dominante ha sido derrotado y sustituido por el feudal. En apariencia, China es unificada, pero en realidad los señores feudales establecen territorios independientes opuestos al poder central.

Confucio vive en uno de los estados con mayor nivel cultural de ese momento, el de Lu, en donde nunca llega a ser alto funcionario y dedica la mayor parte de su vida a divulgar sus teorías, a educar a sus alumnos y a compilar antiguos libros clásicos.

¿Por qué los pensamientos confucianistas llegan a un lugar predominante en el largo periodo feudal chino? En pocas palabras: porque sus ideas se inclinan al respeto de distintas categorías sociales; abogan por reformas políticas que coinciden con los intereses de la clase gobernante y favorecen también la estabilidad y el desarrollo social. Confucio esperaba que cada quien fuera «un hombre benévolo». La benevolencia es, según sus palabras, algo así como el «amor por todo el mundo, es decir, sentir misericordia y simpatía hacia los demás seres».

Confucio enfatiza las reglas y el orden morales; considera que el hecho de que un subordinado no obedezca a su jefe o el hijo no lo haga con su padre son faltas graves. De acuerdo con sus teorías, los gobernantes deben gobernar bien el país y sus habitantes, ser fieles a los gobernantes. Como cada persona desempeña múltiples responsabilidades al mismo tiempo, hijo, padre y subordinado, según él, si cada uno observa el orden social en todo momento, el Estado puede mantener la paz y el pueblo puede vivir de forma estable.

En un principio, las teorías confucianistas no atrajeron la atención de la clase gobernante; incluso, durante los trece años en que Confucio recorre todos los Estados para divulgar sus teorías, ningún gobernante las hace suyas.

Pero en el siglo II a. C. cuando China se convierte en un país feudal poderoso y unificado, las clases gobernantes, al percatarse de la utilidad de las teorías confucianistas, las consideran como la ideología gobernante para mantener su dominio político y la estabilidad de la sociedad.

Otra contribución de Confucio a la sociedad china es la de romper el monopolio de la educación que está en manos de los nobles. Hasta entonces, la educación era monopolizada por el gobierno, sin permitir el establecimiento de escuelas privadas, razón por la cual muchas personas carecían de oportunidades de estudio. Al ser destruido este privilegio, el Maestro es el primero que establece una escuela privada, ya que estima que todo el mundo tiene derecho a estudiar.

Enseña tanto a jóvenes de distintos lugares como de diferente origen social. Es por esto que Confucio muestra un espíritu innovador y progresista. Presta especial atención a la educación moral, intelectual y física, de ahí que imparta las asignaturas de política, música, tiro con arco, conducción de carros, caligrafía y matemáticas. Llega a tener hasta tres mil alumnos de los cuales 72 alcanzan fama en aquel entonces. Ellos heredan y propagan ampliamente, los pensamientos de su Maestro y logran, de manera gradual, la atención de los soberanos.

Las principales ideas de Confucio están incluidas en un libro titulado «Analectas de Confucio», compilado por sus alumnos. Su contenido principal son las citas del sabio y las conversaciones entre él y sus discípulos. Este libro es considerado en la China antigua, como un libro sagrado, como la Biblia en Occidente.

Tanto la población en general como los funcionarios tienen el deber de estudiarlo y tomarlo como el reglamento de su propia vida. Antiguamente se decía en una frase muy popular: "Aprender la mitad de las teorías escritas en las Analectas de Confucio, es suficiente para administrar el país".

En realidad, las "Analectas de Confucio" no es un libro lleno de sermones, sino que abunda en contenidos y palabras estimulantes. Muchas de las frases del libro, sintetizadas por Confucio sobre la base de experiencias y con profundo sentido filosófico, aún hoy día los chinos las mencionan con mucha frecuencia.

12

Libros dorados y sagrados

C omo en el caso de varios grandes pensadores como Pitágoras, Jesús y algunos más, la obra literaria de Confucio es puesta en duda por algunos historiadores y biógrafos del Maestro de Lu, que incluso, la atribuyen a otras personas como a su nieto; pero lo cierto y esto es lo más importante, es que contiene toda la filosofía y forma de vida de Kung-fu-Tzu.

No es extraño regatearles y restarles importancia a las ideas y acciones de los filósofos y sabios de todas las épocas y de todos los lugares del mundo, ya que normalmente están contra la injusticia, intolerancia, totalitarismos de gobiernos y religiones, violencia en las familias, guerras, venganza, avaricia, codicia, engaño y el uso del poder en forma que perjudique a los demás que no lo tienen.

Todo esto, en cualquier tiempo, es intolerable ya que la enorme mayoría de los gobiernos del mundo se basan en ello y por lo tanto, no están dispuestos a dar credibilidad a pensadores justos y valiosos como el Maestro Confucio. Lo que es aún más importante es que podemos retomar sus obras, estudiarlas y aplicarlas en nuestras actividades diarias, como el mismo Maestro siempre dice: "Hay que basarse en los gobernantes y sabios para dar a la gente del pueblo lo que necesita para vivir decorosamente, y para esto, también hay que basarse en los textos y reinos antiguos".

Los principios del confucianismo están recogidos en nueve libros antiguos chinos transmitidos por el maestro y sus seguidores. Estos escritos se dividen en dos grupos: los Cinco Clásicos, los *Wujing* o *Wu king*, escritos antes de la época de Confucio y que son: *I Ching* o *Yijing* conocido en la actualidad como el "Libro de las Mutaciones o Cambios", *Shu Ching* o *Shujing*; "Libro de la Historia", *Shih Ching* o *Shijing*; "Libro de la Poesía o de las Odas", *Li Chi* o *Liji*; "Libro de los Ritos" y *Ch'un Ch'iu* o *Chunqiu*; "Anales de primavera y otoño", y los Cuatro Libros, éstos mismos también son clasificados como clásicos por varios de los biógrafos de Confucio.

I Ching y/o Yi Ching y/o Yijing. Libro de las mutaciones o cambios

Este libro es el único de los cinco obras canónicas de China que sobrevive a la fatal quema decretada por el tirano soberano Ch'in Shih Huang Ti en el año 213 antes de nuestra era. Se cree que está escrito en diferentes épocas y por varios autores, entre los que se mencionan a **Fu Hsi** legendario personaje amante de la caza y pesca, creador de la cocina y los signos lineares que componen los hexagramas; el rey **Wen-Wang** a quien Confucio profesa enorme devoción, el hijo del rey, el duque de **Chou** y al mismo **Kung-fu-Tzu**, quien conoce el libro, lo estudia a conciencia, le agrega sus aportaciones y lo divulga durante toda su vida en sus enseñanzas a sus discípulos y a todo aquel que le solicita consejo.

El Yi Ching es un manual de adivinación probablemente recopilado antes del siglo XI antes de Cristo. Su aspecto filosófico complementario, contenido en una serie de apéndices, pudo haber sido compuesto más tarde por Confucio y sus discípulos.

Función del hexagrama

El "Libro de las Mutaciones" está basado en 64 hexagramas y cuenta la leyenda china que se toman de las marcas del lomo de una tortuga y ésta es la base en la que se integra el sistema total del libro.

Al referirse al Yi Ching, Confucio expresa: "La posibilidad de profetizar es una característica de los que alcanzan la máxima sinceridad. Las señales se observarán en la milenrama y en los caparazones de la tortuga. Cuando la felicidad o la desgracia van a llegar al máximo, el hombre que posee la máxima sinceridad lo sabrá necesariamente antes. Ocupaban los puestos de los antepasados, celebraban sus ritos y ejecutaban su música".

C. Gustav Jung y el *Yi Ching*

Este libro es de tal importancia, que el destacado psiquiatra y psicólogo **Carl Gustav Jung** escribe el prólogo en la obra traducida al alemán por Richard Wilhelm (vea, estudie y consulte la excelente edición en español de Editorial Tomo), de la que destaco los siguientes comentarios: "Quien haya ideado el *Yi Ching* estaba convencido de que el hexagrama que resultaba en un cierto momento, coincidía con éste tanto de un modo cualitativo como temporal. El hexagrama era para él el exponente del momento en que se calculaba –incluso más de lo que podrían expresar las horas del reloj o las divisiones del calendario–, en vista de que se entendía que era indicador de la situación esencial prevaleciente en el momento en que se producía. (...)La antigua tradición china contempla el cosmos de manera comparable a la del físico moderno, quien no puede negar que su modelo del mundo es una estructura decididamente psicofísica. (...)Según la antigua tradición, son "agentes espirituales" (los *shen*, es decir, "semejantes a espíritus") que, actuando de un modo misterioso, hacen que los tallos de milenrama den una respuesta significativa.

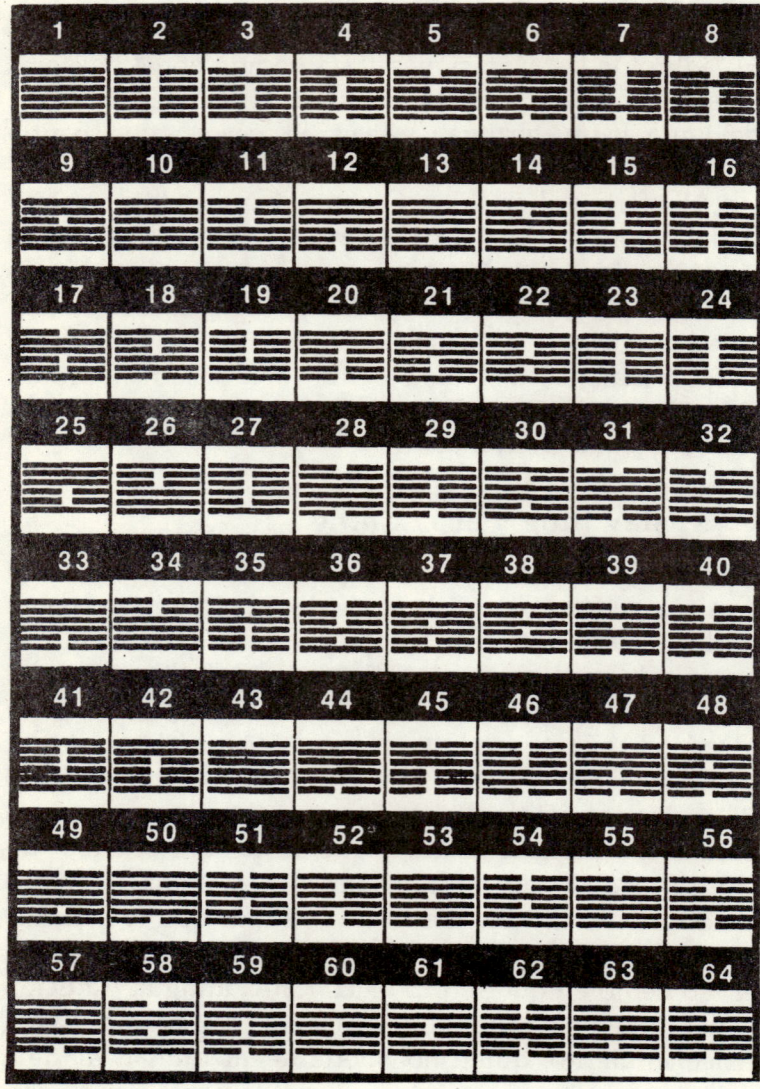

(Gráfica 18). Éstos son los 64 hexagramas que componen la parte medular del *Yi Ching* de consulta y de posibles respuetas.

(...) Ocurre que un individuo es inconsciente de su papel en una relación y puede que ahí se esconda una sorpresa para él; contrariamente a su expectativa, puede aparecer él mismo como el agente principal, tal como el texto lo indica a veces en forma inequívoca. También puede suceder que tomemos una situación demasiado en serio y la consideremos de gran importancia, en tanto que la respuesta que obtenemos al consultar al *Yi Ching* dirige la atención hacia algún otro aspecto insospechado implícito en la pregunta.

Ejemplos tales podrían hacer pensar, por lo pronto, que el oráculo es falaz. Se dice que Confucio recibió una sola respuesta inapropiada, a saber el hexagrama 22, Gracia; un hexagrama que en toda su extensión tiene que ver con lo estético. Esto nos recuerda el consejo dado a Sócrates por su demonio familiar: *Tú deberías hacer más música*, y a raíz de eso Sócrates empezó a tocar la flauta. Confucio y Sócrates compiten por el primer lugar en lo que se refiere a sensatez y a una actitud pedagógica frente a la vida, pero es poco probable que alguno de los dos se ocupara de "conferir gracia a la barba en su mentón", como lo aconseja la segunda línea de ese hexagrama. Desgraciadamente, la sensatez y la pedagogía a menudo carecen de gracia y encanto, y así es posible que el oráculo no se haya equivocado después de todo.

El *Yi Ching* insiste a lo largo de su texto en el conocimiento de sí mismo. El método que servirá para lograrlo está expuesto a toda clase de abusos; de ahí que no esté destinado a la gente inmadura y de mente frívola, y tampoco es adecuado para intelectualizantes y racionalistas. Sólo es apropiado para personas pensantes y reflexivas a quienes les gusta meditar sobre lo que hacen y lo que les ocurre: predilección que no debe confundirse con el morboso y rumiante cavilar hipocondríaco.

El *Yi Ching* no se ofrece con pruebas y resultados; no se vanagloria ni es fácil de abordar. Como si fuera una parte de la naturaleza espera hasta que se le descubra. No ofrece hechos ni poder, pero para los amantes del autoconocimiento, de la sabiduría –si los hay– parece ser el libro indicado. Para algunas personas su espíritu aparecerá tan claro como el día; para otras, sombrío como el crepúsculo; en una tercera persona, oscuro como la noche. A quien no le agrade, no tiene por qué usarlo, y aquel que se oponga a él, no está obligado a hallarlo verdadero. Dejémoslo publicarse en el mundo para beneficio de quienes puedan discernir su significado".

Este libro está considerado como el resumen de la sabiduría milenaria de China y ofrece respuestas a quien lo consulta a través de tres monedas con inscripciones y de su interpretación a través de una simbología de los hexagramas. Es decir, cada una de las sesenta y cuatro figuras formadas por seis líneas horizontales, y cada conjunto de seis líneas que pueden ser enteras o divididas, se cuentan de abajo hacia arriba, y del resultado de lanzar las monedas y los hexagramas dibujados, dependerá la posible respuesta y algunas de sus interpretaciones.

Shu Ching y/o Shujing. Libro de la historia

Es una colección de documentos históricos antiguos.

Shih Ching y/o Shijing. Libro de la poesía o de las odas

Una antología de poemas antiguos.

Li Chi y/o Liji. Libro de los ritos

Trata de los principios de conducta, incluidos los de ceremonias públicas y privadas. Esta obra es destruida en el siglo III antes de nuestra era, pero resulta presumible y creíble que gran parte de su material es preservado en una recopilación posterior conocida como el "Documento de los Ritos".

Ch'un Ch'iu y/o Chunqiu.
Anales de primavera y otoño

Se dice que esta obra es la única recopilada por el propio Confucio y es una crónica de eventos históricos acaecidos en la China feudal desde el siglo VIII antes de Cristo hasta la muerte de Confucio, a principios del siglo V antes de nuestra era.

Cuatro libros

Estas obras son también conocidas como *Sishu* (Cuatro Libros), siendo compilaciones de los dichos de Confucio y Mencio, y de comentarios de seguidores sobre sus enseñanzas.

Lejos de la mística y las creencias religiosas, la enseñanza de Confucio se propone como una filosofía práctica; como un sistema de pensamiento orientado hacia la vida y destinado al perfeccionamiento de uno mismo.

Ta Hsüeh, "El gran saber"
y/o Ta-Hio, "Gran ciencia"

Chung Yung o la doctrina del método, contiene algunas de las declaraciones filosóficas de Confucio, sistematizadas con comentarios y exposiciones de sus discípulos. Es atribuido a la autoría del nieto de Kung-fu-Tzu y está dedicado a los conocimientos propios de la madurez.

En este libro se precisa la necesidad de conocer el fin hacia donde debemos dirigir nuestras acciones. En cuanto conozcamos la esencia de todas las cosas, habremos alcanzado el estado de perfección que nos hemos propuesto. Desde el hombre más noble al más humilde, todos tienen el deber de mejorar y corregir su propio ser.

Dentro de las reflexiones que se hacen en esta obra destacan algunas como las detalladas a continuación: *¿No sería más eficaz lograr que fueran innecesarios los juicios? ¿No resul-*

taría más provechoso dirigir nuestros esfuerzos a la eliminación de las inclinaciones perversas de los hombres? Con ello lograremos que nuestras intenciones sean rectas y sinceras y actuemos de acuerdo con nuestras inclinaciones naturales.

Cuando el alma se haya agitada por la cólera, carece de esta fortaleza; cuando está cohibida por el temor, carece de esta fortaleza; cuando está embriagada por el placer, no puede mantenerse fuerte; cuando se halla abrumada por el dolor, tampoco puede alcanzar esta fortaleza. Es por todo esto que nuestro espíritu está confuso por lo que miramos y no vemos, escuchamos y no oímos, comemos y no saboreamos.

Raras veces los hombres reconocen los defectos de aquellos a quienes aman y tampoco valoran las virtudes de aquellos a quienes odian. Lo que desapruebes de tus superiores, no lo practiques con tus subordinados; ni lo que desapruebes de tus subordinados debes practicarlo con tus superiores. Lo que desapruebes de quienes te han precedido no lo practiques con los que te siguen; y lo que desapruebes de quienes te siguen no lo hagas a los que están delante de ti.

El no dar importancia a lo principal, es decir, al cultivo de la inteligencia y del carácter y buscar sólo lo accesorio, es decir, las riquezas, puede dar lugar a la perversión de los sentimientos del pueblo, el cual también valorara únicamente las riquezas y se entregará sin freno al robo y al saqueo.

Si el príncipe utiliza las rentas públicas para aumentar su riqueza personal, el pueblo imitará este ejemplo y dará rienda suelta a sus más perversas inclinaciones. Si, por el contrario, el príncipe utiliza las rentas públicas para el bien del pueblo, éste se le mostrará sumiso y se mantendrá en orden.

Si el príncipe o los magistrados promulgan leyes o decretos injustos, el pueblo no los cumplirá y se opondrá a su ejecución por medios violentos y también injustos. Quienes adquieran riquezas por medios violentos e injustos, del mismo modo las perderán por medios violentos e injustos.

Sólo hay un medio para acrecentar las rentas públicas de un reino: que sean muchos los que produzcan y pocos los que disipen;

que se trabaje mucho y que se gaste con moderación. Si todo el
pueblo obra así, las ganancias serán siempre suficientes.

¿No es éste un pensamiento más que moderno del siglo
XXI, cuando vemos cómo muchos gobiernos suben los impuestos sin ton ni son y que mucho de ese dinero recaudado
va a parar a manos de funcionarios públicos y gobernantes
corruptos que su única ambición en el mundo es la riqueza? ¿Qué diría Confucio de todo esto? La respuesta está
más que implícita en el mismo último texto.

Chung-Yung o doctrina del medio

Este libro trata sobre la situación en que nos hallamos cuando todavía no se han desarrollado en nuestro ánimo, la alegría, el placer, la cólera o la tristeza, y se denomina «centro».
En cuanto empiezan a desarrollarse tales pasiones, sin so-
brepasar cierto límite, nos hallamos en un estado denomi-
nado «armónico» o «equilibrado», por lo que Confucio
asegura que el camino recto del universo es el centro, porque la armonía es su ley universal y constante.

Cuando el centro y la armonía han alcanzado su máximo grado de perfección, la paz y el orden reinan en el Cielo
y en la Tierra, en donde todos los seres alcanzan su total
desarrollo. El hombre noble, cualesquiera que sean las circunstancias en que se encuentre, se adapta a ellas con tal de
mantenerse siempre en el centro. En cuanto consigue una
nueva virtud, se apega a ella, la perfecciona en su interior y
ya no la abandona en toda su vida.

Aunque parezca exagerado, mucho más que excelente
es la virtud del que permanece fiel a la práctica del bien a
pesar de que en el país haya carencia de leyes y sufra una
deficiente administración. El camino recto y norma de conducta moral debemos buscarla en nuestro interior. No es
verdadera la que se descubre fuera del hombre, es decir, la
que no deriva directamente de la propia naturaleza humana. Quien desea para los demás lo mismo que desea para sí

y no hace a sus semejantes lo que no quiere que le hagan a él, éste posee la rectitud de corazón y cumple la norma de conducta moral que la propia naturaleza racional impone al hombre.

La perseverancia en el camino recto y la práctica constante de las buenas obras, cuando han alcanzado su campo máximo de perfección, producen óptimos resultados; del mismo modo, el fiel cumplimiento del deber dará lugar a beneficios sin límite, siendo su causa unas fuerzas de naturaleza sutil e imperceptible.

Existen cinco deberes fundamentales comunes que deben practicarse en todo momento: (1) Las buenas relaciones que deben existir entre el príncipe y los súbditos; (2) entre el padre y sus hijos; (3) entre el marido y la esposa; (4) entre los hermanos mayores y los menores y, (5) entre los amigos. El recto comportamiento en estas cinco relaciones constituye el principal deber común a todos los hombres.

Para el buen gobierno de los reinos es necesaria la observancia de nueve reglas universales: (1) Dominio y perfeccionamiento de uno mismo. (2) Respeto a los sabios. (3) Amor a los familiares. (4) Consideración hacia los ministros por ser los principales funcionarios del reino. (5) Perfecta armonía con todos los funcionarios subalternos y con los magistrados. (6) Relaciones cordiales con todos los súbditos. (7) Aceptación de los consejos y orientaciones de sabios y artistas, de los que siempre debe rodearse el gobernante. (8) Cortesía con los transeúntes y extranjeros y (9) Trato honroso y benigno para con los siervos.

Lunyu o analectas y/o Lun-Yu: Comentarios filosóficos

Es un conjunto de máximas de Confucio que forman la base de su moral y filosofía política y un resumen en forma de diálogo de lo esencial de su doctrina.

De este libro, destacan muchos de los pensamientos de Kung-fu-Tzu y que se encuentran en el siguiente capítulo dedicado a ello en esta misma obra.

Mengzi "Libro de Meng" y/o Meng-Tse "Libro de Mencio

Escrito por **Mencio**, el más destacado seguidor de Confucio que contiene sus enseñanzas. La clave de la ética confuciana es el *jen*, traducido de diversos modos como 'intuición humana', 'amor', 'bondad' y 'humanidad'. En resumen, es una virtud suprema que representa las mejores cualidades de hombres y mujeres.

En las relaciones humanas, aquellas que se construyen entre una persona y otra, el *jen* se manifiesta en *chung* o en fidelidad a uno mismo y a los demás, y en *shu* o altruismo, mejor expresado en la regla de oro del confucianismo: «No hagas a los otros lo que no quieras que te hagan a ti mismo». Otros valores virtuosos importantes de esta corriente filosófica son: honradez, decencia, integridad y devoción filial. Quien posea todas estas virtudes será un *chün-tzu* (caballero perfecto). En el plano político, Confucio defiende un gobierno paternalista en el que el soberano debe ser benévolo y honorable, y los súbditos respetuosos y obedientes. El estadista debe cultivar la perfección moral para dar buen ejemplo a la gente que gobierna.

Uno de los pensamientos más destacados de Kung-fu-Tzu en cuanto a la educación, es el que apoya la teoría (notable para el periodo feudal en que vive), resumido en el principio: «En educación, no hay diferencia de clases».

Y los siguientes pensamientos también los encontrarás, estimados lector-lectora, en el siguiente capítulo del libro.

13

Citas, pensamiento y filosofía de Confucio

S e dice que Kung-fu-Tzu no escribe realmente las *Analectas* o refranes atribuidos a él pero que siempre los considera comentarios sociales y políticos, y no religiosos.
Invito al los amables lectoras-lectores a descubrir la verdadera esencia y espíritu del Maestro, Sabio y Filósofo chino Confucio, a través de los pensamientos y acciones que siempre divulga y lleva a la práctica. Es necesario destacar que aunque el legendario sabio chino habla del hombre debe entenderse como humano o humanidad en general y no únicamente como género.

- *Cuando veas a un hombre bueno, trata de imitarlo; cuando veas a uno malo, examínate a ti mismo.*
- *El humanitarismo, es decir, la bondad hacia todos los hombres, es un sentimiento que se muestra especialmente en los campos bien trabajados; nunca ha de ser considerado inteligente quien, al elegir su vivienda, elude la cercanía de los que poseen un elevado nivel de humanitarismo o amor al prójimo.*
- *Aprender sin pensar es inútil. Pensar sin aprender, peligroso.*
- *Estudia el pasado si quieres pronosticar el futuro.*

- *Si el imperio se halla en orden, la cultura, el arte y la ejecución de los castigos provienen del emperador. Cuando el imperio no se encuentra en orden, la cultura, arte y ejecución de los castigos provienen del príncipe. En el momento en que los príncipes han arrebatado, escasas veces pasan diez generaciones sin que lo pierdan al mismo tiempo, pasando a manos de altos dignatarios públicos. Cuando éstos detentan el poder, en raras ocasiones pasan más de cinco generaciones sin que lo pierdan de nuevo, llegando a manos de los siervos. Cuando los siervos han conseguido para sí el poder, pocas veces pasan más de tres generaciones sin que lo pierdan.*

Si el imperio se halla en orden, el supremo poder no se encuentra en manos de altos dignatarios ni de los príncipes. Si el imperio está en orden, el pueblo se somete confiadamente a las decisiones provenientes de la autoridad imperial.

- *Dónde hay justicia no hay pobreza.*
- *El hombre que ha cometido un error y no lo corrige, comete otro error mayor.*
- *Exige mucho a ti mismo y espera poco de los demás. Así te ahorrarás disgustos.*
- *No son las malas hierbas las que ahogan la buena semilla, sino la negligencia del campesino.*
- *Nunca debemos hablar bien ni mal de nosotros mismos. Si hablamos bien no nos creerán y si hablamos mal, nos creerán fácilmente.*
- *El hombre noble ahorra las palabras pero es generoso al actuar, ya que una virtud jamás consigue sobrevivir aislada; siempre debe encontrarse defendida por otras virtudes.*
- *Perdónale todo a quién no se perdona nada a sí mismo.*
- *Sin amor jamás se conserva la virtud a lo largo de una tristeza permanente ni durante un largo estado de felicidad. El hombre bueno encuentra la paz en el amor; el sabio valora el amor como el más elevado tesoro.*

- No existe ni un solo hombre que, estando al tanto de sus defectos, los apruebe en su interior.
- Por muy lejos que el espíritu vaya, nunca irá más lejos que el corazón.
- Sólo los sabios más excelentes y los necios más acabados, son incomprensibles.
- Aprende a vivir y sabrás morir bien.
- Nada ni nadie es imprescindible.
- El que entienda los ritos de los sacrificios al Cielo y a la Tierra, y el significado del rito dedicado a los antepasados, podrá gobernar un Estado tan fácilmente como si lo tuviera en la palma de la mano.
- Donde hay educación no hay distinción de clases.
- Los criados son las personas más complicadas de tratar; si se actúa con ellos cordialmente, tienden a tomarse una excesiva confianza; si uno se muestra reservado con ellos, entonces quedan disgustados y resentidos.
- Los que no estudian o no obtienen provecho de lo que estudian, deben mantener el ánimo para seguir la marcha. Quien silencia las preguntas que le permitirán conseguir nuevos conocimientos o solucionar sus dudas, o los que preguntan sin conseguir obtener respuestas satisfactorias, nunca deben perder la esperanza.
- De 3 caminantes, uno pudiera servirme de maestro.
- Los que no reflexionan o los que haciéndolo no consiguen un claro conocimiento de la esencia del bien, tampoco deben desanimarse. Cuando no se diferencia el bien del mal, los que diferenciándolo no han captado el fundamento del bien, deben persistir. Los que no llevan a cabo el bien o los que haciéndolo ponen todas sus fuerzas, no deben abandonarse. Lo que otros consiguen de una sola vez, seguro que ellos lo obtendrán en diez ocasiones; lo que otros logran en cien intentos, ellos necesitarán hacerlo en mil.
- Si un hombre virtuoso consigue educar al pueblo a lo largo de siete años, logrará volverlo hábil hasta en el arte militar.

Organizar un ejército con gente no educada en el arte militar, es llevarlo a una segura destrucción.

- *El más elevado tipo de hombre es el que obra antes de hablar y practica lo que profesa.*
- *Lo que quiere el sabio lo busca en sí mismo; el vulgo, lo busca en los demás.*
- *El hombre noble mantiene el equilibrio y la tranquilidad en todo momento; el hombre vulgar no deja de mostrarse inquieto y jamás encuentra sosiego interior.*
- *No te quejes de la nieve en el techo del vecino cuando también cubre el umbral de tu casa.*
- *Oír o leer sin reflexionar es una ocupación inútil.*
- *Quienes crearon los fundamentos de la música y las ceremonias son tenidos hoy, como hombres incultos y bárbaros; al mismo tiempo, como contradicción, se concede gran mérito a quienes mucho más tarde prosiguieron y perfeccionaron la labor de aquellos pioneros; y los que actualmente se dedican al cultivo de la música son contemplados como seres superiores. Yo, sinceramente, siento gran admiración por los antiguos.*
- *Un caballero se avergüenza de que sus palabras sean mejores que sus actos.*
- *Trabaja en impedir delitos para no necesitar castigos.*
- *Desprecio a quienes sólo se han formado con la práctica y han olvidado el estudio.*
- *No pretendas apagar con fuego un incendio, ni remediar con agua una inundación.*
- *Quien se pasa la vida intentando proteger las alas de su alma inmortal, con la vana esperanza de que éstas algún día le señalen el camino al refugio interno, que lucha por no ser aplastado por las presiones de una existencia que, en ocasiones, raya los límites de la realidad y en otras, sólo se debate entre la absurda complicidad del destino y la desidia.*
- *De lo que escuches no creas nada.*
- *A tu mujer no le hables de tus amigos...ni a tus amigos de tu mujer.*

- *No se olvida... pero tampoco se acuerda.*
- *Cuando quieras a una mujer, quiérela de tal manera que cuando ella deje de quererte... tú ya no la quieras.*
- *Lo que ha de ser en el Universo girará hacia ti.*
- *El hombre del conocimiento disfruta sobre el mar y el hombre de la virtud sobre las montañas; porque el sabio es inquieto y el virtuoso pacífico.*
- *Con el conocimiento se supera la duda; con la bondad se doblega la pena; con el valor se vence el miedo.*
- *Si el príncipe es justo y equitativo, sus súbditos imitarán estas virtudes.*
- *Sólo satisface bien al pueblo, el príncipe que es como su padre y madre.*
- *Nunca debemos pensar en lo lejos que podemos encontrarnos de la virtud para impedir que nos hunda el desánimo.*
- *Únicamente existe una forma de incrementar las rentas públicas de un reino: que muchos produzcan y pocos sean los que derrochen; que se trabaje con exceso y que se gaste moderadamente. Si todo el pueblo actúa de esta forma, los beneficios resultarán siempre los necesarios.*
- *Cuando el príncipe es bondadoso y vive en la virtud, la totalidad de sus súbditos aman su justicia; si los súbditos aman la justicia, obedecerán todas las órdenes del príncipe. Esto supone que si el príncipe impone unos impuestos justos, el pueblo amante de la justicia los pagará sin protestar.*
- *Si al llegar a los cuarenta años no has logrado la estimación de los sabios, nada bueno se puede esperar de ti.*
- *Logra el afecto del pueblo y te acompañará la autoridad; pierde el amor del pueblo y no se respetará tu autoridad.*
- *Los habitantes de Tse consideran que un hombre virtuoso y un ministro ecuánime son más valiosos que todo el oro y piedras preciosas que puedan conseguir; porque creen que la bondad y la justicia son los únicos bienes que valen la pena.*
- *Un príncipe que ama a quien su pueblo odia y que odia a quien todos aman, está cometiendo un ultraje contra la na-*

turaleza humana. El príncipe que actúa de esta manera, pronto se hallará rodeado de calamidades y tragedias.

- Observando las faltas de un hombre llegamos a conocer sus virtudes.
- Dejar de comer y de beber para meditar es inútil: más vale aprender.
- Pensar sin aprender, es cansado y peligroso. Aprender sin pensar, es vano.
- El que desconoce la voluntad del Cielo, nunca podrá ser considerado un noble. Aquel que ignora las costumbres y los ritos, jamás fortalecerá y enderezará su espíritu. El que no se adentra en el profundo sentido de cada palabra, jamás conocerá a los hombres.
- Yo expongo y aclaro los libros antiguos, pero no he de crear otros nuevos, no innovo y sólo transmito: soy fiel a la antigüedad y la amo.
- Quien ha nacido en nuestros días y retorna a los modos de la antigüedad es un estúpido y labra su propia desgracia.
- Quien aprende, no por ello penetra hasta la verdad; quien penetra hasta la verdad, no por ello es capaz de afianzarla; quien la afianza, no por ello está en condiciones de sopesarla en cada circunstancia o desea lograr éxito.
- Quien tiene la íntima substancia, también tiene las palabras; quien tiene palabras, no siempre tiene también la íntima substancia.
- Si las palabras (términos, conceptos) no son las justas, los juicios no son claros, las obras no prosperan, los castigos resultan desajustados y la gente no sabe dónde poner la mano y el pie. Por eso, el noble escoge sus palabras de manera que su empleo no pueda dar lugar a dudas, y formula sus juicios de manera que puedan ser justos, más allá de todo.
- Si las personas no tienen fe, yo no sé que es lo bueno para ellos. ¿Puede viajar un vehículo sin un eslabón o una fuente de poder?
- Si eres sincero, en ti se confiará.

- Los *filántropos son valerosos, pero el valeroso no necesariamente es humano.*
- *Ver lo que es correcto y no hacerlo, es falta de valor.*
- Cuando Confucio es oficial de Lu, uno de sus discípulos le sirve como mayordomo. Él le da novecientas medidas de grano pero el discípulo las rechaza, por lo que el filósofo le dice: *No las rechaces, ¿por qué no se las das a tus vecinos?*
- (Regla Dorada) *Lo que tú no quieras hacerte a ti mismo, no se lo hagas a los demás.*
- *Nunca debe permitir el hombre superior suspender sus reverencias al ordenar su propia conducta; y permitirse ser respetuoso con los demás y estar atento de sus conveniencias; entonces todos dentro de los cuatro mares serán hermanos.*
- *La benevolencia es amar a todos los hombres.*
- *Un pueblo cultivado no contiende a causa de cualquier cosa.*
- *Tres tipos de amigos son beneficiosos y tres perjudiciales: Cuando los amigos son inteligentes, honestos o sinceros, son benéficos. Cuando los amigos son pretenciosos, aduladores u oportunistas, son perjudiciales.*
- *Para adquirir la actitud correcta, ellos (los antepasados que desearon poner ejemplos del buen carácter) se realizaron; realizándose, guiaron a sus familias; guiando a sus familias, establecieron el orden moral en sus Estados; estableciendo el orden moral en sus Estados, llevaron paz y prosperidad al país entero.*
- *Que un hijo deba amar a sus padres es su destino y no puede borrar esto de su corazón... Por lo tanto, servir a sus padres y estar contento de seguirlos a cualquier parte, ésta es la perfección de la piedad filial.*
- *Mientras exista una sola familia en la que predomine la bondad y el amor, estas virtudes podrán difundirse por todo el reino; una familia que practica la cortesía y el humanitarismo será suficiente para que todo el pueblo adquiera amabilidad y humanitarismo. Sin embargo, cuando un único*

hombre, el príncipe, se muestra codicioso, la anarquía se extiende por su reino. Éste es el significado del proverbio: "Es suficiente una palabra para malograr un negocio; un solo hombre puede decidir la fortuna de todo un imperio".

- El amor hace a un lugar bello, ¿quién escoge no estar enamorado obtiene sabiduría? El amor es la nobleza superior del Cielo, la casa pacífica del hombre.
- Carecer de amor cuando nada nos lo impide, es carecer de sabiduría.
- Carecer de amor y sabiduría lleva a carecer de cortesía y rectitud, y sin estas cualidades un hombre será un esclavo.
- El humano que sabe disfrutar del agua, disfruta de las montañas.
- Todos los hombres se alimentan y beben, pero son muy pocos los que distinguen los sabores.
- El que sabe es diligente; el humano permanece callado: El que sabe está contento; el humano es longevo.
- ¡Qué maravilloso es el irreductible mantenimiento en el centro! ¡Pocos son los hombres que consiguen permanecer en el centro durante mucho tiempo!
- Resulta sumamente lastimoso que los hombres no recorran siempre el camino recto.
- Todo aquel que afirme que sabe entender los motivos de los actos humanos, se enorgullece demasiado de su propia ciencia; la vanagloria y la soberbia le arrastrarán a caer en infinidad de trampas y será apresado por mil redes de las que no logrará escapar. Todo aquel que afirme que sabe entender los motivos de los actos humanos, a pesar de que se encuentre en el camino recto, justo en el centro, será incapaz de seguir en él ni durante el espacio que cubre una luna.
- El noble permanece fiel con naturalidad en el centro, alejado por igual de los extremos. Sólo el hombre santo se halla capacitado para existir dichoso alejado del pueblo, sin ser reconocido ni elogiado por éste.
- El camino recto o regla de conducta hemos de encontrarlos dentro de nosotros. No es una verdadera regla de conducta

la que se localiza fuera del hombre, es decir, la que no es originaria directamente de la misma naturaleza humana.

- *¡Qué generoso y profundo es el poder de las sutiles fuerzas humanas! Queremos descubrirlas, pero no las vemos; intentamos comprenderlas y sin embargo, nos resultan inalcanzables; se identifican con la misma esencia de las cosas y no logramos aislarlas de ellas.*

- *El hombre tiene tres formas de actuar sabiamente: Primero, meditando, éste es el más noble; Segundo, imitando, éste es el más costoso y Tercero, experimentando, éste es el más doloroso.*

- *¡Admirable de hecho era la virtud de Hui! Con un solo plato de bambú con arroz, un solo tazón de calabaza para beber y viviendo con estrechez en su humilde senda; mientras otros no pudieron soportar el infortunio, él no permitió que su alegría fuera afectada por ello.*

- *La sinceridad es el camino del cielo.*

- *La obtención de la sinceridad es el camino de los hombres.*

- *Quien posee la sinceridad es quien, sin esfuerzo, encuentra lo que es correcto y comprende sin el ejercicio del pensamiento; es el sabio que natural y fácilmente comprende el camino correcto.*

- *Quien obtiene la sinceridad es aquel que escoge lo que es bueno y firmemente lo retiene con rapidez.*

- *El hombre superior considera que en todo la rectitud es esencial. Él se realiza según las reglas de la conveniencia. Él lleva por delante la humildad. Él se complementa con la sinceridad. Es éste de hecho un hombre superior.*

- *Si tú eres personalmente recto, las cosas que quieras hacer sin ordenarlas te serán dadas. Si no eres personalmente recto, nadie te obedecerá aún cuando tú des órdenes.*

- *Dejemos a la voluntad ponerse en el camino del deber.*

- *Permitamos que cada logro en lo que es bueno sea sujetado firmemente.*

- *Permitamos que la virtud perfecta sea otorgada con: Trabajo; ¿si amas a la gente puedes permitirles que no trabajen?*

Hechos; ver lo que un hombre hace. Advertir sus motivos...
Justicia; el camino ideal de las personas relacionadas con el
mundo es evitar el rechazo y los apegos.

- *Intentar descubrir los principios escondidos a la mente humana, efectuar acciones extraordinarias que rebasen la potencia de la naturaleza; en una palabra, llevar a cabo prodigios para estar rodeado de admiradores en el futuro, es lo que yo nunca desearía hacer.*

- *Tratar a los demás justamente es una manera de asociarse.*

- *Uno debe perdonar si el acto es involuntario, pero uno debe castigar si el acto malo es intencional.*

- *La riqueza y el rango son deseados por las personas, pero ellos no permanecen si no se obtienen de la manera correcta.*

- *La virtud es la raíz; la riqueza es el resultado.*

- *Quien consigue ir al fondo de su mente llega a conocer su propia naturaleza; conociendo su propia naturaleza, él también conoce a Dios. Conservando la mente de uno en su integridad y alimentándola en la naturaleza de uno, ésta es la forma de servir a Dios.*

- *¿Si no entiendes la vida; cómo podrás entender la muerte?*

- *La muerte y la vida son como se decretó.*

- *Un hombre digno debe ayudar a los necesitados, pero no aumentar los bienes de los ricos.*

- *¿Qué es la muerte? Si todavía no sabemos lo que es la vida, ¿cómo puede inquietarnos el conocer la esencia de la muerte?*

- *Tan malo es pasar de la medida como no alcanzarla.*

- *El hombre vulgar es vano y orgulloso, aun cuando su posición no sea elevada. Se halla muy cerca de la perfección el hombre que es constante, paciente, humilde y mesurado en el hablar.*

- *Deben imponerse castigos cuando convenga. La fidelidad no es contraria a una justa corrección.*

- *No debe afligirnos que los hombres no nos conozcan. Lo lamentable es que no seamos dignos de ser conocidos por los hombres.*

- La prudencia aconseja no indignarse cuando los hombres nos engañan, no entristecerse cuando son infieles. El hombre prudente prevé siempre estas eventualidades.
- La inconstancia y la impaciencia destruyen los más elevados propósitos.
- Cuando la muchedumbre desprecia a alguien, debes examinar con objetividad su conducta antes de emitir alguna opinión. También, cuando la multitud aclama a alguien, es preciso contemplar con imparcialidad sus obras antes de aprobarlas.
- El hombre puede ensalzar las excelencias de la virtud, pero la virtud no puede proporcionar prosperidad y fama al hombre.
- Sólo puede ser calificado como vicioso el que comete un acto deshonroso y no se corrige.
- Los ministros de un príncipe virtuoso deben evitar tres faltas:
  La Petulancia, que consistente en hablar cuando nadie les ha pedido su opinión.
  La Timidez, que consiste en no atreverse a expresar su opinión cuando se les invita a ello.
  La Imprudencia, que consiste en hablar sin haber observado antes el estado de ánimo del príncipe.
- Si se mata una gallina, ¿para qué utilizar un cuchillo, que sirve para matar bueyes?
- Si respetas a tu persona y a todos tus semejantes, nadie podrá despreciarte; si eres generoso, te ganarás el afecto del pueblo; si eres sincero, nadie desconfiará de ti; si todos tus actos te aproximan al bien, tu mérito será grande. El amor a los hombres es la mejor arma para gobernar con eficacia.
- Puede calificarse como amante del estudio a quien cada día adquiere un conocimiento nuevo y cada mes retiene lo que ha aprendido.
- No te avergüences de preguntar para resolver tus dudas y medita las respuestas que te han sido dadas.
- Los hombres viciosos procuran disimular sus faltas con apariencias de honradez.

- *Basta una sola palabra acertada del noble para que se le considere entendido sobre una cosa; pero también basta que cometa un solo error para que se diga que no sabe nada. Por consiguiente, el noble debe vigilar mucho sus palabras.*

Del libro de Mencio

- *Si un príncipe se entristece por las desgracias de su pueblo, los súbditos también sentirán pesar por las tristezas de su príncipe. Si el príncipe se alegra con la felicidad de su pueblo y hace suyas las penalidades de sus súbditos, no tendrá dificultad alguna en su gobierno.*
- *Lo que hacen los gobernantes es luego imitado por el pueblo, por consiguiente, no puedes acusar ahora al pueblo de su proceder ni condenarle por ello, pues ha imitado lo que ha aprendido de su príncipe; ha devuelto lo que se le ha dado; por esto, es preciso obrar con rectitud sin pensar en las consecuencias. No debemos omitir el cumplimiento de nuestros deberes, ni realizarlos antes de tiempo, las desgracias, al igual que la fortuna, sólo llegan cuando las hemos buscado con nuestros actos.*
- *A pesar de que poseyeras la penetrante vista de Li-leu (famoso por su prodigiosa mirada) y la habilidad manual de Kung-chu-tsé, jamás trazarías unas circunferencias perfectas sin emplear un compás; ni cuadrados insuperables sin servirte de regla. A pesar de que dispusieras de un oído tan sensible como Sse-kuang, jamás podrías armonizar los cinco tonos si ignoras las seis reglas musicales. A pesar de que copies a los príncipes de Yao y Chun, no conservarás la paz del imperio si no eres cordial y espléndido con el pueblo.*
- *Nunca es suficiente la honrada intención para gobernar con eficacia; la ley por sí sola carece de fuerza.*
- *El (hombre) superior debe honrar y respetar la sabiduría de sus súbditos y el inferior debe mostrarse respetuoso y cortés con sus superiores, en atención a la dignidad que*

ostentan; respetar la dignidad y honrar a los sabios son dos manifestaciones de un mismo deber.

- Nada más que el hombre bueno y piadoso con todos, merece ocupar el trono. Cuando se sienta en el trono un hombre perverso y cruel, su maldad actuará como la peste que enfermará a los súbditos. Si el príncipe no actúa de acuerdo con las reglas y se niega a mantener una conducta virtuosa, tampoco el pueblo acatará las leyes ni obedecerá a sus superiores.

- Los criadores de caballos que tienen cuadrigas, nunca se dedicarán a criar gallinas y cerdos, ya que estas ocupaciones representan el medio de subsistencia de los pobres. Las familias de la nobleza no crían bueyes ni corderos.

El príncipe y sus altos dignatarios deben alejar de su lado a los ministros que únicamente persiguen incrementar los impuestos para llenar sus arcas; sería mejor que el príncipe perdiera sus propias riquezas antes que verse acompañado de unos ministros que abusan del pueblo. Los gobernantes nunca deben aumentar sus beneficios particulares a costa de los impuestos y que la única riqueza y recompensa de quien gobierna debe provenir de la aplicación de la justicia y equidad.

- Cuando el cielo nos envía calamidades, podemos superarlas; cuando las hemos buscado nosotros mismos, sucumbiremos ante ellas. Nada es más digno de admiración en un hombre noble que saber aceptar e imitar las virtudes de los demás.

- Para la defensa de un reino no son suficientes ni las fortificaciones que se construyan, ni los obstáculos naturales que representan las montañas y los ríos, ni la abundancia de armas. La mejor defensa de un reino consiste en la decidida voluntad de sus habitantes, la cual se conquista mediante un gobierno humanitario y justo.

- Quien ocupa un cargo público y no puede cumplir con sus obligaciones debe dimitir, ya que si un medicamento no altera el organismo del enfermo, tampoco producirá la curación. No puede ser bueno quien sólo piensa en acumular riquezas; no puede ser rico quien sólo piensa en practicar el bien.

- Si los maestros enseñan con claridad los deberes a todos los ciudadanos del reino, éstos vivirán entre sí en concordia y armonía.

- Cuando se pretende someter a los hombres por la violencia de las armas, jamás se obtendrá la sumisión de sus corazones; por esta causa, la fuerza nunca basta para conquistar a los hombres. Quien conquista a los hombres por la virtud, logra que todos acaten sus órdenes sin reserva y con el corazón alegre; ésta es la forma como Confucio había dominado a sus setenta y dos discípulos.

- Los reinos perecen a causa de su interna descomposición antes de que los demás reinos los ataquen.

- Para que pueda establecerse una verdadera amistad, es necesario renunciar a la superioridad que puedan conceder la edad, honores, fortuna o poder. Si se intenta resaltar la superioridad en los órdenes mencionados, resultará imposible establecer una auténtica e íntima amistad. El único motivo que nos debe llevar a la amistad es la búsqueda de las virtudes y el mutuo perfeccionamiento.

- Buscas el camino recto a lo lejos y lo tienes junto a ti. Crees que el bien consiste en la realización de cosas difíciles, cuando no es más que realizar con rectitud las cosas fáciles.

- No puede pensarse en ningún mal mayor que en la pérdida del mutuo afecto y cariño entre padres e hijos. Las normas de conducta son inmutables, todos los Santos han obrado de conformidad con sus principios.

- Quien se abstiene de lo que no debiera abstenerse, es mejor que se abstenga de todo; el que trata con frialdad a quienes debiera tratar con ternura acabará tratando con frialdad a todo el mundo; quienes avanzan precipitadamente también retrocederán con la misma precipitación.

- Yo no hago el menor caso de las murmuraciones y críticas de los hombres. Las mejores palabras son aquellas que encierran un profundo significado y al mismo tiempo, resultan comprensibles para todo el mundo.

- *Quienes cultivan sus facultades superiores desarrollan su naturaleza racional y quienes desarrollan su naturaleza racional conocen el Cielo. Para cumplir los designios del cielo es preciso cultivar las facultades superiores y desarrollar la naturaleza racional.*

- *El hombre cumple la voluntad del Cielo cuando se esfuerza en perfeccionarse a sí mismo, tanto si espera una vida breve como si espera una vida de larga duración; el hombre cumple su destino tanto si su vida es larga como si muere joven.*

Otras citas

- *Resulta contrario a la naturaleza de las cosas que produzcan los mismos efectos en un estado de desorden y confusión, que organizadas y sistematizadas; por consiguiente, ha de evitarse siempre el tratamiento superficial de lo más importante, subordinándolo a lo que es secundario; nunca hemos de tratar con seriedad lo secundario, anteponiéndolo a lo principal y más importante.*

- *Para lograr que nuestras acciones sean sinceras, debemos actuar de acuerdo con nuestras inclinaciones naturales, igual que lo hacemos al rechazar un olor nauseabundo o al buscar con placer un objeto bello y sensible. Sólo esto puede agradar al hombre y para obtenerlo, el cauto controla en cualquier momento sus inclinaciones más íntimas.*

- *Los hombres vulgares y malvados, cuando se encuentran solos y no son vistos, actúan de forma perversa y se entregan a sus vicios; sin embargo, cuando están frente a un hombre virtuoso, intentan presumir que se le parecen; una conducta que no les deja ocultos ante la mirada del sabio, ya que éste puede penetrar en ellos como si se introdujera en sus riñones con una daga. La verdad se guarda en nuestro interior y lo externo nada más es apariencia, por* esto, el sabio controla sus inclinaciones y sus más íntimos deseos.

- *Si no puedes servir a los seres vivientes, ¿cómo esperas servir a los espíritus?*

- *El Kang-kao dice: De una forma innata la madre pesa amorosamente a su hijo recién nacido; pone toda su alma en advertir los primeros deseos y necesidades del pequeño; sólo precisa de su amor e inquietud para comprender lo que su hijo necesita y muy pocas veces se equivoca, sin haberlo estudiado, podrá alimentar y tratar a su hijo.*

- *La naturaleza humana es similar al mimbre; la bondad y la justicia vienen a ser entonces como un cesto. La naturaleza humana alcanza la bondad y la justicia de una forma parecida a como se elabora un cesto con el mimbre más flexible.*

- En cierta ocasión le decía Pu Shang a Confucio:

—¿Qué clase de sabio eres tú, que te atreves a decir que Yen Hui te supera en honradez; que Tuan Mu Tsu es superior a ti a la hora de explicar las cosas; que Chung Yu es más valeroso que tú y que Chuan Sun es más elegante que tú? En su ansia por obtener respuesta, Pu Shang casi se cae de la tarima en la que estaban sentados y añade:

—Si todo esto es cierto, entonces, ¿por qué los cuatro son discípulos tuyos?

Confucio responde.

—*Quédate donde estás y te lo diré. Yen Hui sabe cómo ser honrado, pero no sabe cómo ser flexible. Tuan Mu Tsu sabe cómo explicar las cosas, pero no sabe dar un simple sí o un no por respuesta. Chung Yu sabe cómo ser valeroso, pero no sabe ser prudente. Chuan Sun Shih sabe cómo ser elegante, pero no sabe ser modesto. Por eso los cuatro están contentos de estudiar conmigo.*

14

Hechos un tanto extraños en torno a Confucio

Embarazo y nacimiento místico

Cheng-tsai, madre de Confucio, es una mujer rebelde a pesar de la época tan sexista y machista en la que vive (2,500 años antes de nuestra era), por lo que, al casarse siendo tan joven, a los quince años, debe asegurarse de cumplir dos puntos importantes en su vida: embarazarse y que el producto sea un hijo varón, sano y fuerte. Así lo intenta y a escondidas de su esposo, decide acudir al templo de Ni-Kieu, enclavado en una alta colina.

Al estar en el recinto, la mujer reza y pide que se le concedan el embarazo y el hijo varón. Al regresar y descender la colina nota un hecho sumamente extraño pues advierte que las ramas, hojas y troncos de los árboles se alzan majestuosamente y le abren paso, como reverenciándola, aunque no exista la más leve brisa que la lógica indica que pueda moverlas.

La visita el señor negro

Esa noche, la adolescente y joven esposa Cheng-tsai tiene un sueño asombroso y perturbador porque no sabe qué significa. Ella recibe la visita del Señor Negro, considerado como el Dios del Agua, de quien escucha el siguiente mensaje: *Traerás al mundo un hijo muy sabio en el interior de una Morera hueca, allí lo dejarás por unos momentos.* Es así como ella sabe con seguridad que está embaraza; la primera petición ha sido cumplida.

Antes de dar a luz, Cheng-tsai vuelve a tener otro extraño sueño, ahora son cinco ancianos quienes la "visitan" cayendo en la cuenta que son los representantes humanos de los cinco planetas más importantes del Universo. Lo más curioso es que llegan en una carroza tirada por una extraña vaca cubierta de escamas y con un cuerno en el centro de su cabeza, más parecida a un unicornio que a cualquier otro animal. En ese momento y dentro del sueño, la mujer escupe una piedra de jade en la cual está escrito: *Un niño procedente del agua regenerará a la débil dinastía de los Cheu. Después será considerado como un rey sin corona.*

La dama embarazada, para corresponder a este obsequio, ata una cinta de seda en el cuerno del animal fantástico y en ese momento todo desaparece y ella despierta. No sólo está calmada sino entusiasmada por lo que acaba de serle revelado. Al día siguiente cuenta su sueño a su esposo Chu-leang y éste, con demasiada calma, le comenta a su esposa: "Te ha visitado el unicornio *K'i-lin* y sus cinco señores" y sin hacer más comentarios se va, dando a entender que ese es el mejor signo de que vendrá por fin el hijo varón sano y fuerte a quien legarle el apellido, su riqueza, el culto a los antepasados, y algo muy especial, un don llamado *To*, sólo accesible a humanos con alto sentido de honestidad, valentía y sobre todo, sabiduría. Él está seguro que su hijo así será, porque es un elegido de la divinidad.

Parto en la cueva

Una vez en la cueva asignada para el parto, la joven Cheng-tsai, en completa soledad humana, es vigilada por dos dragones que se encaraman a los extremos de la entrada. Un par de espíritus femeninos rocían el interior de la cueva con perfumes y bálsamos, además, del suelo seco brota una pequeña fuente de agua para poder lavar el cuerpo del recién nacido.

Al momento del parto, la nueva madre da a luz en medio de mucha felicidad y sin dolor de ninguna especie. Es más, dice la leyenda que no tiene que cortar ni el cordón umbilical, por lo que de inmediato procede a bañar al niño en la pequeña fuente, contra la costumbre china de no hacerlo sino hasta tres días después. De este hecho nace el primer nombre del pequeño Confucio: *Kung* o *Kong*, que significa, hueco o cueva. Después del primer aseo del bebé, la madre toma al recién nacido en sus brazos, lo besa y abraza con tanta ternura que escucha una música celestial y a una voz que le anuncia *¡Mujer, has sabido conmover al cielo de tal forma que se te concede el honor de tener un hijo santo!*

Comentario aparte, no dejan de asombrar estos sueños y avisos por su tremenda similitud con los de María e Isabel (por mencionar sólo a las más conocidas), madres de Jesús y Juan el Bautista, quienes también son avisadas en sueños de sus embarazos y de que darán a luz hijos que cambiarán la historia del mundo.

Ceremonias y sacrificios

En las ciudades pequeñas y cercanas a la corte tienen la costumbre de ritualizar casi cada momento del día. A esto se les denomina *Li*, que significa ceremonia o costumbre y se asigna a los sacrificios para celebrar los entierros, funerales y al recibir malas noticias; aunque también es considerada en otras celebraciones felices como nacimientos, bodas, adolescencia de los hijos, buenas cosechas, salud en el ganado y otros momentos de bienestar.

Esta descripción es porque el joven Confucio, en los pocos momentos que tiene libres para entretenerse, lo hace con objetos considerados sagrados, sobre todo vasijas que se utilizan en las ceremonias religiosas y sociales. De ahí, nace su pasión por todo lo sagrado y místico, ya que al conceder la debida importancia a las tradiciones como eje de conductas y pensamientos, él aprende a hablar cuando es necesario y no más de lo que se debe decir, sobre todo a callar cuando no es el momento oportuno para las palabras. Esta actitud ha sido tomada como de mucha modestia, algo que él no considera así, porque así debe ser la actitud de todos los seres humanos y no de unos cuantos privilegiados.

¡Canonización!

Cuando los monjes de la orden de los jesuitas llegan a China hace mil años, quedan totalmente sorprendidos, impactados y afectados por las enseñanzas y la bondad de la gente que sigue la disciplina de Kung-fu-Tzu (a quien, por deformación del lenguaje, nombran como Confucio), por lo que, en cuanto regresan al Vaticano, solicitan al Papa que ¡canonice a Confucio!, aunque él no haya sido católico ni mucho menos un santo en el término de esta religión. Ni hablar, asombrosamente increíble.

¡Cincuenta años en recorrer China!

China abarca en la época de Confucio, cuatro millones de kilómetros cuadrados y si algún valiente quiere recorrer toda esa extensión a golpe de montura de caballo, prácticamente le llevará ¡más de cincuenta años! el lograrlo, por lo que este método es prácticamente imposible. Ahora bien, en la actualidad China tiene una extensión de más de ¡nueve millones de kilómetros cuadrados! y es la segunda nación más grande del mundo, después de Canadá y la desaparecida Unión Soviética, y si se sigue la misma teoría, entonces, ese valiente jinete le llevaría poco menos de un siglo a lomo de caballo recorrer toda esta nación.

A Confucio le salen hijos

El domingo 26 de noviembre de 2000, aparece esta noticia en los periódicos chinos y en varios del mundo:

Amenaza para el sistema.

Los Kong dicen descender del maestro chino Confucio, quien muere en el año 479 antes de Cristo y elaboran un censo de familiares.

La familia Kong, abuelo, hijos y nietos, descendientes directos de Confucio, cada año, en la localidad china de Qufu y junto con cientos de personas llegadas desde todos los rincones del inmenso país, se reúnen frente al Palacio de Confucio, sacrifican algunos animales y hacen reverencias ante la memoria del más grande de los filósofos chinos.

Ninguno de los presentes lo ha notado, pero entre la muchedumbre que ha honrado en los últimos años al maestro oriental en el aniversario de su nacimiento, hay algunos testigos de excepción: sus parientes. Poco a poco, los descendientes del más famoso erudito oriental han comenzado a surgir de la nada para dar un paso al frente y decir, sin rubor, algo así como "yo también soy familiar de Confucio".

Atrás han quedado las persecuciones sufridas durante la Revolución Cultural, la mísera vida en los campos de trabajo y el sacrilegio de sus templos y tumbas, en un intento por destruir todo lo que tuviera que ver con «el filósofo de la aristocracia», como fue calificado por las autoridades comunistas.

Los miembros de la 79 generación familiar de Confucio, reclaman ahora sus derechos sobre los principios del hombre que enseñó ética a los emperadores chinos, y sin vivir para verlo, terminó convirtiendo su doctrina en el centro del pensamiento del milenario pueblo chino.

Para recuperar parte del poder e influencia de su famoso ancestro, los herederos del profesor han comenzado a asociarse y a promocionar el regreso de las enseñanzas del confucianismo en el interior de China. Kong Deyong, quien escapa del país cuando las autoridades comunistas persiguen al clan de los Confucio y que pasa ocho años en un campo de trabajo, es el hombre que está lidereando ese intento de reunir a los más de ¡cuatro millones de descendientes! que se cree hay repartidos por todo el mundo.

Mao ha muerto y China se encuentra ante un gran vacío espiritual. Tal vez una doctrina renovada, basada en las enseñanzas de Confucio, podría ayudar a rellenar ese «hueco», asegura Kong Deyong, cuyo parentesco con el maestro espiritual sólo le ha traído graves problemas hasta ahora.

El objetivo de elaborar un censo de los herederos de Confucio, cuenta con los últimos avances tecnológicos como aliados. Los Kong han creado una página en Internet donde se recoge el nombre y filiación de todos los descendientes ya reconocidos, y se permite el registro de nuevos candidatos. El único requisito es comprobar, a través de un sistema de búsqueda de ancestros, si también por sus venas corre la sangre de El Sabio.

Lo cierto es que, a pesar de las persecuciones y desgracias que se han cebado en sus seguidores, el filósofo y sus ideas nunca se han movido de China en los últimos 25 siglos.

Acusado de "aristócrata"

Para evitar problemas con el régimen comunista chino, los líderes del renacimiento del confucianismo han dejado claro que su intención no es desafiar a la autoridad del Gobierno de Beijing. "Confucio ha representado siempre la filosofía de la aristocracia", admite Kong, que se muestra dispuesto a cambiar esa imagen con su revisión de las enseñanzas de su lejano pariente. De esta manera, no duda en aplicarse a sí mismo uno de los más famosos dichos del

160

profesor: *Observando las faltas de un hombre llegamos a conocer sus virtudes.*

El primer acercamiento de los Kong hacia Beijing ha consistido en solicitar permiso para enterrar a sus muertos en la tumba familiar de Qufu. Allí, en la localidad natal de Confucio, el pasado mes de septiembre, varios de los descendientes del Maestro y Sabio celebraron el que habría sido el 2,551 cumpleaños del maestro.

Los dos nietos de Kong Deyong, Kong Chuixu y Kong Chiuyan, volaron desde Gran Bretaña para reunirse con su abuelo en el emotivo homenaje, a pesar de que ninguno de ellos, con siete y doce años de edad, sabían a quién iban a ver. Los habitantes de Qufu recibieron a la familia Kong como si nunca hubieran perdido sus privilegios, saludándolos en las calles e ignorando el recelo que su presencia había despertado entre las autoridades locales.

Cincuenta años de autoritarismo comunista no han podido terminar con la veneración de cientos de miles de personas hacia Confucio y sus descendientes se han propuesto que siga siendo así. Aprovechando los nuevos tiempos de tolerancia que asoman en la todavía dictatorial China, los nietos lejanos del maestro parecen dispuestos a retomar lo que creen que es suyo y quedarse para siempre en estas tierras. Porque como dijo su abuelísimo: *Por muy lejos que el espíritu vaya, nunca irá más lejos que el corazón.*

La asociación creada por los herederos de Confucio está dirigida por el Consejo del Clan, un grupo de 90 familias formadas por aristócratas, miembros del Partido Comunista e incluso generales del Ejército chino que quieren ofrecer un confucianismo moderno a la sociedad actual. «Se trata de descartar sus posiciones más conservadoras y adaptarlas a los nuevos tiempos», aseguran.

Estas cinco décadas de comunismo han sido muy duras para los familiares del maestro. Muchos se exiliaron y sus propias familias no saben nada de su lejano parentesco con Confucio. Otros, los que se quedaron, han mantenido su condición en silencio por temor a ser descubiertos y enviados a campos de reeducación. Aquellos que fueron perseguidos durante los años de Mao terminaron en la cárcel bajo acusaciones como la de «haber vivido en un palacio» o ser «los defensores del feudalismo». Entre los exiliados, o los que viven en Hong Kong como Kong Deyong, se encuentran grandes fortunas que tienen su origen en los privilegios que los descendientes de Confucio disfrutaron en el pasado.

Confucianismo para Europa

Cuando la furia de las guerras religiosas asola a la Europa del siglo XVIII, intelectuales y estudiosos de la obra del Maestro Confucio, impresionados por su modelo sencillo de elocuencia social, proponen que sean adoptadas sus enseñanzas para ser aplicadas en todo el viejo continente. Además, estadísticas recientes cifran en más de ¡mil millones la población mundial confuciana!

Templo de Confucio resiste todo

Y en verdad que si, ya que desde que se termina de construir, allá por el año 25 antes de nuestra era, ha resistido terremotos de alta intensidad, tormentas feroces y apocalípticas revoluciones, y hasta a soldados de la Guardia Roja de Mao-Tse Tung, que ya es mucho.

Dios de la literatura

Es durante el reinado del emperador Wu Di, de la dinastía Han (que gobierna desde el 202 antes de Cristo, hasta el 220 de nuestra era y que se distingue por ser enérgica e imperialista, misma que amplía considerablemente las fronteras de China y recibe tributos de numerosos reinos, y que además, tiene tanto éxito que, aún hoy en día, sus descendientes se autodenominan, "Hijos de Ha"), que se decide convertir a Confucio en el primer "Padre de la Patria" (designación a la que seguramente se hubiera opuesto el mismo Kung- fu-Tzu porque para él, lo más importante a venerar son los dioses, el Cielo y los antepasados que viven antes que él) y al mismo tiempo, el confucianismo es declarado doctrina oficial del Estado.

Pero no es todo, a los descendientes de Confucio les son concedidos los títulos de: *Señor de los Sacrificios, Marqués de Guannei, Duque de la Excelencia Literaria, Duque Continuador de la Línea del Sabio* y un largo etcétera; y al propio Confucio, el título irrefutable, según los monarcas, de *Dios de la Literatura.*

15

Confucio en la China del siglo xx

as ideas del nuevo confucianismo que los Kong (como se lee líneas arriba, son los supuestos descendientes directos del Kung-fu-Tzu) y compañía quieren ofrecer a China son revolucionarias. En el reciente Registro del Clan, que debe ampliar el que se lleva a cabo en 1937, se permitirá por primera vez el acceso de mujeres y ya no será necesario realizar nueve *kowtowns* o reverencias ante los maestros durante sus reuniones. También podrán ser registradas todas las personas que demuestren a través de su árbol genealógico, cumplir con los requisitos establecidos en el siglo XVIII para ser considerado descendiente de Confucio.

Confucio cobra nuevo brillo en China

Por otra parte, esto se lee en los periódicos de Shangai el 25 de octubre de 1999. "Durante la Revolución Cultural, la última campaña del presidente Mao Tse-tung, Confucio fue descrito como un reaccionario. Ahora, sin embargo, la imagen del viejo sabio está ganando enteros. El mes pasado se cumplió el 2,550 aniversario del nacimiento de Confucio, momento que los jerarcas chinos aprovecharon para destacar sus virtudes, algo que no ocurría desde que los comunistas llegaron al poder hace 50 años.

El miembro del Politburó Li Ruihuan habló en tono reverente sobre el confucianismo, al que atribuyó la «formación, el desarrollo y la unificación de la nación china».

En Shanghai, el santuario de Confucio fue totalmente reconstruido después de décadas de abandono e inaugurado con todos los honores justo a tiempo para celebrar el 50 aniversario de la República Popular China el 1 de octubre.

«La enseñanza de Confucio tuvo una profunda influencia, no sólo en China, sino también en el Este de Asia y en el resto del mundo», dijo Wang Aizhen, directora del Centro Cultural del Distrito Sur de Shanghai, quien estuvo a cargo de la restauración y agregó: «Tenemos que lograr que el pasado sirva al presente».

Reconciliación problemática

Luo Yijun, un erudito de la filosofía confuciana de la Academia de Ciencias Sociales de Shanghai, comenta que el resurgimiento del confucianismo llenó un vacío cultural mientras los chinos ansiaban confianza y decencia en una nueva era económica. Honrar a Confucio es repudiar la lucha de clases y todas las atrocidades cometidas durante la Revolución Cultural, dijo. «China necesita restablecer los principios básicos que regulan las relaciones interpersonales. No se puede hacer negocios en la economía de mercado a menos que haya confianza mutua», finaliza Luo.

Después de décadas de denunciar al confucianismo como herencia del pasado feudal chino, el gobierno comunista enfrenta una incómoda tarea al erigir al viejo sabio a categoría de mito, otro título que a Kung-fu Tzu no le hubiera gustado recibir.

Lucian Pye, profesor emérito de ciencia política del Instituto de Tecnología de Massachusetts, en una nota emitida por la agencia noticiosa británica Reuters, dice que la búsqueda china de una identidad es una búsqueda a medias, pues el país no tiene forma de liberarse completamente del pensamiento marxista-leninista-maoísta, y agrega: «China necesita un diálogo grandioso que trate de expresar cuáles son los valores, ideales y principios que los chinos quieren tener como la base de su identidad nacional». *Enriquecerse es glorioso* no es un lema muy apropiado para una de las civilizaciones más grandes del mundo», señala refiriéndose a la famosa frase pronunciada por el desaparecido Deng Xiaoping cuando se disponía a transformar la China igualitaria y pobre en una economía orientada hacia el mercado.

Confucianismo: una filosofía y no religión

Yang Chuanying en Internet, trata de reivindicar al Maestro de Lu comentando que "Confucio es el fundador del confucianismo. En los últimos 2 mil años, el confucianismo ha influido significativamente en la sociedad china lo cual no sólo se refleja en los terrenos político, económico y cultural, sino también en la mentalidad y el modo de ser de todos los chinos, tanto es así que algunos estudiosos extranjeros lo consideran la religión más importante de China. Pero en realidad, el confucianismo no es una religión, sino un tipo de pensamiento filosófico, una de las muchas escuelas doctrinales de la antigua China y lo particular es que en la sociedad feudal que rigió el país durante un periodo prolongado, fue asimilado como teoría ortodoxa y ocupó un puesto predominante".

Actualmente, con una economía más abierta y audaz, y con la dispersión de muchos chinos por todo el mundo, las influencias del confucianismo también han franqueado las fronteras chinas y asiáticas, y llegan al orden con mucha fuerza, aunque los gobernantes de muchos países, desarrollados o no, continúen sin querer entender y mucho menos comprender, porque no les conviene, la filosofía del chino más famoso del orbe: Confucio.

16

Monumentos a Kung-fu-Tzu

Bosque de Confucio

l Este del Templo de Confucio se halla la residencia de su familia, misma que durante mucho tiempo es la vivienda de sus descendientes. En la morada se guardan muchos archivos históricos, tesoros de tiempos antiguos, vestimentas y utensilios de las diversas dinastías.

El Bosque de Confucio está a un kilómetro de la capital del distrito de Qufu. Es el cementerio del Maestro y sus familiares. En este lugar existen ¡más de cien mil tumbas, todas de descendientes de Kung-fu-Tzu!. Sus familiares lineales son enterrados hasta la generación 76 sin interrupción durante más de 2,000 años. Como cementerio de familia es raro en el mundo por su antigüedad y su buena conservación.

Templo

Un año después de la muerte de Kung-fu-Tzu, es construido el templo en su memoria, adaptando su antigua residencia para celebrar ceremonias conmemorativas cada año. Hay indicios que marcan que se termina de construir en el año

25 antes de nuestra era. Desde la dinastía Han (206 a. C. hasta 220 d. C.) todas la realeza feudal reconstruye y amplia sin cesar el Templo con la intención de difundir el pensamiento del maestro por lo que es en este sitio donde se encuentra uno de los mayores albergues del país.

Actualmente, el Templo de Confucio ocupa cerca de 22 hectáreas, con 463 habitaciones, 466 salas y nueve patios, dando forma a uno de los más bellos y espléndidos museos vivientes del mundo y de todos los tiempos. Además, el pabellón Kui Wen es también conocido como la Biblioteca, siendo un edificio de madera de tres plantas con igual número de tejados superpuestos.

El eje longitudinal atraviesa todo el templo, con simetría lateral, una distribución bien construida y un estilo majestuoso. En el Templo también se conservan muchas estelas y relieves en piedra, los cuales son valiosos materiales para el estudio de la escritura antigua, la cultura y el arte de China.

Destrucción

Durante muchos siglos, las enseñanzas de Confucio son la base de la educación y cultura de China hasta la llegada al poder de Mao-Tse Tung con su nefasta época de "limpieza del pasado", durante la cual, en 1966, los soldados o guardias rojos destruyen el mausoleo del filósofo. El templo es saqueado y las estatuas de Kung-fu-Tzu y de sus "cuatro evangelistas": Yan Hui, Zeng shen, Kong Ji y Mencio, y las de sus "doce apóstoles" son destrozadas y mutiladas con salvajismo extremo.

Pero una orden militar nunca puede destruir siglos de confucianismo y cientos de seguidores del Maestro de Lu se encargan de recoger los fragmentos de templo y estatuas y cuidarlas magníficamente bien y en orden, sin que los guardias de Mao se den cuenta nunca de este hecho. Lamentablemente, mientras dura la "Revolución Cultural" de finales de los años 60, el complejo del santuario es transformado en un conjunto austero de gimnasio, vestuarios y salones para ancianos.

Santuario resucitado

Así lo mantienen hasta que el 22 de septiembre de 1984 (doce años después de la muerte de Mao Zedong). El templo, que está ubicado en una estrecha calle del antiguo barrio chino de Shanghai y el santuario de Confucio son restaurados a semejanza de su diseño original, en madera y cemento, todo dentro de una sencilla serenidad.

El Santuario es reabierto al público causando la admiración de quienes tienen la oportunidad de verlo, ya que logran darle el esplendor y misticismo que siempre tuvo y lo mejor, es que también las estatuas han sido restauradas con el cuidado y cariño de quien siente y ama la filosofía de Confucio.

Una nueva vereda conduce a un inmenso salón con estatuas del multicitado Confucio y dos de sus principales discípulos, Yan Yuan y el nieto Zisi. Un patio adyacente alberga la antigua biblioteca y sala de conferencias, donde se presentan ahora exposiciones de arte.

En este monumento a la memoria y principalmente a la filosofía de Kung-fu-Tzu, destaca la Terraza de la Luna, que se alza majestuosa en una baranda de mármol frente al espléndido pabellón llamado "De Los Mejores Logros", el cual es sostenido por diez columnas esculpidas con bajorrelieves de dragones, perlas y nubes, y es el mejor escenario para las ceremonias que se han repetido a lo largo de más de dos mil años.

La decisión de reconstruirlo se toma en 1996 como parte del plan de renovación urbana de Shanghai para dar un nuevo rostro al Distrito Sur, que a pesar de su privilegiada ubicación presentaba el aspecto de un barrio de quinta a la sombra de los resplandecientes rascacielos.

El proyecto de restauración tiene un presupuesto de 25 millones de yuanes (tres millones de dólares) y es financiado con fondos provenientes en su mayoría de préstamos bancarios. La nueva clase dirigente china ha sido una de las claves para devolver al Antiguo Sabio al pueblo. Según una funcionaria china, «el confucianismo es pragmático y visionario» y el presidente Jiang Zemin cita a menudo frases de Confucio.

En 1994 el Templo, la Residencia y el Bosque de Confucio son registrados en la Lista Mundial de la UNESCO como patrimonios culturales.

De lo más reciente

Científicos establecen fecha de nacimiento de Confucio

Pekín.- Un grupo de astrónomos y científicos chinos han concluido una investigación sobre Confucio, incluyendo la observación de las estrellas y han establecido la fecha de su nacimiento en el 9 de octubre del año 552 antes de Cristo.

«Confirmamos la fecha utilizando documentos antiguos de eclipses solares registrados en los "Anales de Primavera y Otoño" -obras atribuidas a Confucio- y usando cálculos astronómicos modernos», declaró Jiang Xiaoyuan, decano del Departamento de Historia de la Universidad Jiatong de Shanghai.

Jiang, profundo conocedor de Confucio, asegura que gracias a las investigaciones se ha podido determinar que "el 20 de agosto del año 552 a.C. se pudo ver un eclipse solar parcial en el pueblo de Qufu, provincia oriental china de Shangdong, donde nació el filósofo.

"A partir de ahí, los científicos utilizaron ordenadores para extraer la fecha exacta de su nacimiento, que fue debatida durante años en torno al testimonio de los Anales de Sima Qian, de la dinastía Han, que fijaba la fecha del nacimiento del pensador en el año 551 a. de C.", señala el experto.

Añade Jiang, quien encabezó el equipo que ha hecho ese descubrimiento histórico, que "los antiguos chinos creían que lo ocurrido en el Cielo estaba estrechamente conectado a lo que acontecía en la Tierra, y por eso, siempre observaban los astros y registraban cualquier fenómeno.

Estos estudios sobre Confucio, conocido en Oriente como el Maestro de las Diez Mil Generaciones, se producen en un momento de renacimiento cultural en China en el que se intenta recuperar el legado histórico que pasó por una «época de oscuridad» durante la Revolución Cultural" (1966-1976). (EFE *El Informador* Guadalajara, Jalisco México, Martes 29 de Junio de 1999).

Resumen: En el periodo de decadencia de la dinastía Zhou (o Chou, de 1100 a 256 a. C. cuando sus monarcas extienden los dominios de China hasta el valle del Yang-Tsé), Confucio enseña principios que contienen elevados valores éticos y morales. Recomienda a los señores feudales vivir según esas normas y servir como ejemplo a la población. Es el primero y más grande filósofo chino.

Su obra proporciona las bases teóricas y morales del Imperio chino durante más de 2.000 años, por lo que puede ser calificado de «hombre superior» el que primero pone en práctica sus ideas y después predica a los demás lo que él ya realiza. Filósofo, teórico social y fundador de un sistema ético, más que religioso que ha llegado hasta nuestros días y que cada día cobra mas fuerza.

Breve glosario biográfico

Carl Gustav Jung

ste eminente psicólogo y psiquiatra suizo, nace en 1875 y fallece en 1961. Es discípulo de P. Janet, E. Bleuler y Sigmung Freud. Acepta las teorías psicoanalíticas freudianas hasta que se separa de él en 1911.

En 1948 funda en Zurich el Instituto C. G. Jung. Defiende una concepción espiritualista del psicoanálisis, desarrollando un sistema propio cuyos principios destacan que: las tendencias de los humanos no pueden reducirse a la libido, sino que también existen tendencias morales innatas que pueden ser reprimidas igual que los instintos; el inconsciente colectivo como patrimonio hereditario es el fondo común simbólico que todos llevamos dentro y cuyo contenido se desarrolla en contacto con diferentes civilizaciones, a este fondo común simbólico, lo llama Jung arquetipos.

El impulso creador es para él la fuerza esencial humana, sus conceptos de introversión y extroversión son hoy en día del dominio común.

Fu Hsi

Nace y muere de 4754 a 3495 ó en 2953-2838 antes de nuestra era, siendo el primero de los cinco superpoderosos emperadores chinos del llamado periodo legendario. Cuenta la leyenda que es concebido milagrosamente por su madre quien, después de una gestación de ¡doce años! da a luz en Ch'eng-chi, en Shensi.

Cuando es rey, enseña a su pueblo a cazar, pescar, cuidar rebaños, a partir la leña del árbol t'ung, a entretejer los hilos de seda y tensarlos para formar instrumentos musicales rudimentarios y muy sonoros. Gracias a él y a su esposa, terminan con la promiscuidad en la reproducción al lograr institucionalizar el matrimonio.

Lao-Tsé

Nace hacia el año 600 antes de nuestra era, después de que su madre, una noche del año 666 a. C. alcanza a observar una estrella fugaz y de inmediato queda embarazada. Lo curioso es que este estado de gestación dura ¡setenta y dos años!, tiempo después en el que da a luz a un niño de cabello blanco y que sabe hablar perfectamente bien. Este infante es llamado Lao Tsé y como su nombre lo indica, es considerado como "El Viejo Maestro" a quien se le atribuye el *Tao-te-King*, el libro del Tao chino.

Nacido en el Ho-nan, es contemporáneo de Confucio, con quien sostiene varios y polémicos encuentros. Existe poca información sobre su vida y algunos estudiosos de la historia China y la filosofía mundial han puesto en duda inclusive hasta su existencia.

Antes de partir literalmente de este mundo, escribe un libro con cinco mil caracteres y que posteriormente se conocerá como el *Tao Te Ching*, "Del Camino y del Poder". Después, decepcionado e indignado por la sordidez del Reino Central, sube a un carro tirado por un buey negro y parte rumbo a Occidente para desaparecer del mundo a los ¡160 años de edad!

Mao Tse-Tung o Mao Ze-Dong (1893-1976)

Político y revolucionario chino, lucha junto a Sun Yat-sen y es uno de los fundadores del Partido Comunista Chino en 1921. Durante su juventud es un budista devoto que gusta de recitar y citar los clásicos confucianos en las discusiones con su estricto padre; incluso, en varias ocasiones visita la provincia de Shantung para contemplar de cerca y con sumo interés la tumba de Confucio y de su discípulo más destacado, Mencio.

En 1927 tiene problemas muy serios con Chiang-Kai-chek y organiza a las masas campesinas para llevar a cabo la revolución, y es hasta 1934 cuando controla el comunismo en China. En 1937, forma junto con Chiang-Kai-chek el gobierno nacional que lucha contra los japoneses y al terminar la guerra, nuevamente luchan nacionalistas contra comunistas, siendo estos últimos, bajo las órdenes de Mao, quienes derrotan y expulsan del país a Chiang-Kai-chek. Para 1949 es proclamada la República Popular China, siendo Mao el presidente y secretario del propio partido.

Lo peor, culturalmente hablando, se da cuando declara Mao Tse-tung la "Revolución Cultural" en la cual se llega a excesos tales como el de tratar de borrar y eliminar toda la obra de Confucio porque dice que eso "no es popular ni aporta nada bueno al comunismo", y sólo es en los últimos años del siglo XX, después de la muerte de Mao Zedong en 1976, que los dirigentes chinos empiezan a reconocer, nuevamente, la obra del Maestro de Lu.

Mencio y/o Meng-Zu y/o Meng-Tzu

Vive entre los años 371 y 289 antes de nuestra era y es un filósofo y moralista chino, discípulo de un nieto de Confucio y el más ilustre de los seguidores de este. Funda una escuela filosófica de gran relieve y sostiene la bondad innata del hombre y la importancia primordial del pueblo en los estados.

Libros de consulta

Addlestone, Carole. *Muchos Caminos Una Verdad. El Orden Común.* Grupo Editorial Tomo, S. A. de C. V. México, mayo de 1999.

Diccionario Enciclopédico Vox Lexis 22. Editado por Círculo de Lectores, S. A. Barcelona, España, 1976.

Fessler, Loren. *China.* Biblioteca Universal de Time-Life. Editorial Novaro, S. A. México, 1970.

Internet: www.aol.com.mx

Internet: www.yahoo.com.mx

Morel V. Héctor. *Y Ching* Editorial Kier, S. A. Buenos Aires, Argentina, 1980.

Vollbracht, James. *El Camino de la Virtud.* Grupo Editorial Tomo, S. A. de C. V. México, junio de 1999.

Wilhelm, Richard. *Yi Ching,* Libro de las Mutaciones. Grupo Editorial Tomo, S. A. de C. V. México, 1999.

Yáñez Solana, Manuel. *Confucio.* EDIMAT Libros, S. A. España, 1999.

TÍTULOS DE ESTA COLECCIÓN

NOTAS

NOTAS

Impreso en los talleres de
MUJICA IMPRESOR, S.A. DE C.V.
Calle Camelia No. 4, Col. El Manto,
Deleg. Iztapalapa, México, D.F.
Tel: 5686-3101.